抖音短视频

吸粉、引流、变现全攻略

徐浪 著

民主与建设出版社

·北京·

© 民主与建设出版社，2021

图书在版编目（CIP）数据

抖音短视频吸粉、引流、变现全攻略 / 徐浪著 . —
北京 : 民主与建设出版社 , 2021.3（2025.3 重印）
ISBN 978-7-5139-3379-7

Ⅰ . ①抖… Ⅱ . ①徐… Ⅲ . ①网络营销 Ⅳ .
① F713.365.2

中国版本图书馆 CIP 数据核字（2021）第 029023 号

抖音短视频吸粉、引流、变现全攻略
DOUYIN DUANSHIPIN XIFEN YINLIU BIANXIAN QUANGONGLÜE

著　　者	徐　浪	
责任编辑	吴优优	
装帧设计	尧丽设计	
出版发行	民主与建设出版社有限责任公司	
电　　话	（010）59417749　59419778	
社　　址	北京市朝阳区宏泰东街远洋万和南区伍号公馆 4 层	
邮　　编	100102	
印　　刷	衡水翔利印刷有限公司	
版　　次	2021 年 7 月第 1 版	
印　　次	2025 年 3 月第 5 次印刷	
开　　本	710mm×1000mm　1/16	
印　　张	13.5	
字　　数	172 千字	
书　　号	ISBN 978-7-5139-3379-7	
定　　价	42.00 元	

注 : 如有印、装质量问题，请与出版社联系。

前言

当下，随着移动互联网的发展、智能手机的普及，短视频已成为一个正在兴起的风口。

抖音是众多短视频App中最强势的一个，其日活跃用户数已超过4亿。无论是个人娱乐，还是商家营销产品，抖音都已成为大众的不二之选。在巨大流量红利的诱惑下，人人都想抓住短视频的红利期，抖音成了人们竞相尝试的平台。

《2019抖音数据报告》统计，2019年，有46万个家庭拍摄了全家福视频，308万个记录与孩子相处的温馨视频，176万个迎接新生的视频，18万个直击高考的视频，38万个记录毕业的视频，709万人分享了婚礼视频，人生的每一个重要时刻，都被抖音真实地记录了下来。

不仅如此，抖音还成为旅游、美食、教育等行业的线上平台，在提供娱乐的同时还创造了各种商机，引得各行各业的商家纷纷入驻抖音平台。然而，想要玩好抖音，搭上短视频时代的流量快车，赢得红利，并非一件容易的事情。

那么，如何才能玩好抖音，"抖"出一片天地呢？

基于此，我总结了多年的互联网营销经验，并创作了本书。本书从分析抖音的爆红到讲解如何玩好抖音，系统地阐述了抖音运营过程中的策略和技巧。

比如，玩抖音的第一件事就是要知道自己想做什么，也就是定位。比

I

如，哪一类视频最容易火？哪一类是自己最擅长的？这些问题想明白之后，做起来才会有目标和方向。然后才是策划、拍摄、制作优质的内容以及注册发布等一系列的后续工作。

不过，千万不要以为视频发布出去就没事了，如果是这样，结果就只能是石沉大海。再优质的视频也需要进行推广和营销，在这个"酒香也怕巷子深"的时代，有效的推广方式和营销活动才能吸粉无数。

有了粉丝，有了点赞和评论，自然是一件值得欣喜的事情，但如果不能持续吸粉，甚至遇到瓶颈，这时就要考验你的复盘能力了。即便不存在这些问题，那如何进行粉丝的引流和商业变现也是非常具有挑战性的工作。

本书针对这些问题一一进行了分析和讲解。在即将到来的全面5G时代，移动传播必将迎来新变革，短视频内容创造同样会有更大的挖掘空间。

在此，我希望本书能够帮助每一位喜欢玩抖音的读者抓住短视频的红利期，赢得属于自己的抖商时代！

目录

第7章 进行营销策划，多方位打造品牌效应

第8章 精准吸粉，六招让你轻松将看客变粉丝

第9章 善于复盘，经验值成就大V之路

第1章
短视频时代，抖音引燃娱乐与商业新阵地

随着移动互联网的迅速发展和移动终端设备的普及，网络社交媒体，尤其是各类短视频App，占据了人们的大部分碎片化时间，已经成为娱乐和商业的阵地。抖音作为短视频的代表平台之一，如何继续抓住网络流量的红利期，我们不能左顾右盼，而要主动抢占高地。

为何抖音能一枝独秀

抖音是一个旨在帮助用户表现自我、记录美好生活的短视频分享平台，一经上线，便迅速火爆起来。人们纷纷拿着手机拍摄各种日常，一边发布自己拍摄的视频，一边刷着他人的视频，沉浸其中，自娱自乐；更有大批商家纷纷入驻平台，进行商品推广和销售。为何抖音能够迅速占领短视频的高地呢？

其实，这既有市场环境的原因，也有抖音自身的原因。从市场环境来说，以下几个方面对抖音的崛起影响重大。

1. 免费 Wi-Fi 和 4G 的发展

在移动互联网的迅速发展下，Wi-Fi的覆盖率越来越高，无论是在家还是在办公场所，甚至是在商场、地铁、咖啡店、书店等公共区域都覆盖了免费Wi-Fi。即使是在户外，当下4G网络的流畅性以及资费的实惠性也足以满足用户的需求，人们只要拿着手机，就可以随时随地录制视频并进行分享，网络环境的便捷为短视频的传播提供了基本条件。

2. 碎片化时代的到来

人们等车、坐车、排队购物、就餐、饭后休息等这些零碎的时间被称为碎片化时间。我们很难在这些时间段去做一件完整的事情，并且这些时间段往往是无聊的，而短视频则正好帮人们解决了这个问题。

智能手机普及之后，各种基于移动端的App如雨后春笋般冒了出来。抖音作为其中之一，借助15秒的短视频，为人们打发无聊的时间提供了选择，抖音短视频很好地满足了人们的需求。

3. 需求层次的变化

马斯洛将人类的需求分为五个层次：生理需求、安全需求、爱和归属感、尊重、自我实现。相对富足的生活让我们不再只是关注吃和住，更多的是如何玩乐。也就是说，人们的需求层次在不断地提高，而且出现了以下几个特点。

（1）喜欢尝试新事物。

随着"80后"逐渐迈入中年，"90后""00后"开始登上历史舞台，年轻人希望获得别人的尊重，他们敢于创新，喜欢尝试新事物。抖音作为一个记录美好生活的平台，获得了很多年轻人的青睐，他们渴望在上面展现自己，获得关注。

（2）偏见被消除，意识逐渐融合。

之前，人们一味地追求北上广，喜欢大城市，而抖音让更多的人了解到乡村，许多人开始喜欢、追求、向往乡村生活。在抖音等各类短视频App的宣传下，人们对乡村的偏见消除了，意识逐渐融合。

总之，人们的需求和意识在不断地发生变化，而抖音将这些变化展现得淋漓尽致。

4. 自娱自乐的文化特性

我们的生活充满了挑战，各种压力需要有释放的途径，自娱自乐就是一个很不错的选择。抖音能够记录生活的点滴，获得他人的关注，只需要打开抖音录制一小段视频，配上音乐，一部作品就完成了。

这种既简单又容易上手的方式，无须很高的技术含量，只要内容足够有趣，能够给人们带来快乐，就能获得大量的点赞和评论。抖音的这种特性使它成了人们自娱自乐的载体。

以上四个方面不仅是抖音独有的，更确切地说应该是所有短视频App共有的，但为什么其他同类短视频App没有做到像抖音这样火爆的程度呢？这就是下面我们要讲的抖音能迅速火爆的自身原因。

1. 精准的定位

抖音的定位是年轻群体，功能上是一款音乐创意短视频社交App，视频+音乐，渲染力和趣味性极强，形式表达更加丰富，同时聚焦于年轻人，他们有活力，喜欢新事物，这些定位使得抖音迅速在年轻群体中火爆起来。

2. 保持用户黏性

能够吸引众多的用户不一定就代表着成功，市场上昙花一现的App太多了，能够留住客户，即保持很强的用户黏性，让用户进来就出不去了，这才是真正的成功。

抖音在积累了一定用户之后，并没有停止进步，而是不断地提升和优化用户体验，同时加强对内容的把控，这使得抖音各类视频的质量更高。而更多的优质视频被筛选、被曝光，也激励着人们创作出更加优质的视频。这种良性循环成就了用户的高黏性。

3. 强大的营销

再好的产品也要进行推广和营销，抖音在这方面做得相当到位。其运营团队进行了一系列恰到好处的宣传。比如，在明星助力方面，众多明星相继参与到抖音中来，无论是发布自己的新歌，还是分享日常生活，都获得了大量的点赞。借助明星效应成为抖音的重要营销策略之一。

此外，算法、挑战赛、滤镜等强技术和强运营能力，也使得抖音平台爆款不断。抖音非常注重培养达人，让达人成为优质种子，给用户提供标杆和内容指引，这种精选模式提高了平台内容的整体调性，确保把更多优秀、符合平台价值观的内容推送给用户。

　　抖音机器学习算法，能够自动识别用户在平台内的浏览数据，根据用户的喜好进行内容推送。其"挑战"和"话题"能使用户围绕不同的主题确定内容的素材、形式，从而引爆更多的创新内容，吸引更多的用户。

　　这些因素综合起来，共同促进了抖音的迅速崛起。或许你会说抖音的火爆有偶然的因素，但其自身的独特之处也是实实在在存在的。我们亦可试着借助抖音这个平台，创造出属于自己的时代。

四大上瘾逻辑，成就全民抖音时代

大众之所以一玩抖音就上瘾，我们可以借用美国学者尼尔·埃亚尔和瑞安·胡佛在《上瘾》一书中提出的四个模型来进行说明，即触发、行动、多变的酬赏和投入。

任何一件产品的本质属性，都是要满足用户的需求、解决用户的问题。抖音也一样。就如推特联合创始人伊万·威廉姆斯说的那样："大家以为互联网的优势是层出不穷的新鲜事物，事实上相当一部分人只是想更方便地在网上继续做自己熟悉的事。回归最基本的人性需求和渴望，在任何时候都必要。"

因此，无论抖音如何发展，它都必须遵守产品的本质属性。

1. 触发

触发是四个模型中的第一个阶段，指用户因受到触动而激发起某种反应。它可分为外部触发和内部触发。

（1）外部触发。外部触发指能使用户直接接触到刺激，这些刺激会告诉用户接下来该做些什么。抖音一是发挥了付费型触发的作用，即付费投放广告；二是发挥了人际型触发的作用，即口碑传播。

（2）内部触发。内部触发通常与人的思想、情感有关。人的某种感觉一旦被触发，就会忍不住去做一些特定的事情。当下，人们的生活节奏快、压力大，抖音抓住用户的这一特点，展示了大量高效、炫酷的视频，成功触发了他们的痛点。

2. 行动

光触发用户还不够，还要让用户行动起来。那么，如何才能让用户行动起来呢？斯坦福大学的福格博士认为，让人们行动起来需要同时具备以下两个要素。

（1）充分的动机。用户玩抖音的动机是什么？简单来说，就是获得快乐和他人的认同感。抖音很好地满足了用户的这些需求。

（2）完成这一行为的能力。它主要是指行动时所需的时间、体力、脑力等。抖音的短视频只有15秒，契合了用户的碎片化时间，只需用手指点一点，无须深度思考，内容的趣味性也足以让用户沉浸其中。

3. 多变的酬赏

一个产品能够满足用户的某种需求，就叫作酬赏。其形式主要有社交酬赏、猎物酬赏和自我酬赏三种。抖音在这三个方面都给用户提供了优厚的待遇。

（1）社交酬赏：指在互动中获取的人际奖励。用户每一次点开抖音时，会看到怎样的短视频信息是无法预知的，这充满了不确定性，也就是说用户可以和任何人进行社交；同时用户发的视频也很可能会得到别人大量的点赞、评价；这就是社交酬赏。

（2）猎物酬赏：指从产品中获得的具体资源或信息。追逐和寻找一个东西，是人们自古以来的兴奋点，几千年来，乐此不疲。抖音短视频，一个接着一个，内容的相关性非常强，这就迎合了用户的"狩猎"心理。

（3）自我酬赏：指从产品中体验到的操控感、成就感和胜任感。抖音上经常有一些视频会引起用户的挑战，比如明星转身踢瓶盖挑战，就引得众多用户模仿，从而使用户获得了一种成就感，这就是一种自我酬赏。

4. 投入

想要让用户上瘾，除了以上三个要素之外，最关键的是让用户对产品进行投入，包括时间、精力、金钱等。换句话说，就是当用户在一个产品上投入了大量的时间、金钱之后，上瘾的可能性就会增加，最终很难离开。

投入得越多，用户就越上瘾。抖音很好地让用户投入了时间、精力和情感，无论是发布视频还是为别人点赞，这些互动投入带来的各种酬赏，促使用户进一步加大投入。这就形成了一个上瘾循环。

娱乐兼具社交：抖音火爆的核心要素

玩过抖音的人，可能都会有这样的感受：拿起手机，本来只想打发一下无聊的时间，可一旦刷起来，不知不觉一两个小时就过去了。我们为什么会如此上瘾呢？一个重要的原因就是抖音的娱乐属性在起作用。

因此，无论是个人用户，还是依靠抖音盈利的企业或商家，一定要清楚地了解抖音的娱乐属性。对于这一点上，抖音在内容和设置方面下足了功夫。

1. 未知的趣味内容

每一条抖音短视频都配有与主题相关的音乐。魔性的音乐增加了内容的趣味性，还让人们对内容的印象更加深刻。用户不用思考，也不用去记忆，只要享受此刻的乐趣即可。

尤其是在神秘算法的机制下，下一个视频会是什么，用户往往无法预知。即便对下一个视频不感兴趣，也可以一滑而过，很快又能看到感兴趣的视频。惊喜总是在下一个视频等着用户，给用户不知疲倦滑下去的动力。

2. 意犹未尽的空白

抖音短视频的时间只有15秒，在如此短的时间内，很难呈现事情的整个过程，往往是刚看到精彩之处就结束了，给人一种戛然而止、意犹未尽的感觉。这就促使很多用户再看一遍视频，直到尽兴了才继续往下滑。

3. 人性化的界面设置

抖音界面采用上下滑动来切换画面，操作极其简单，单手即可完成；点赞设置在头像的下方，刚好位于右边的中间位置，手握手机可以很方便地进行点赞，点赞完便有一颗红心跳出，这种互动令双方都能获得乐趣。此外，画面充满整个手机屏幕，这可以很好地排除其他干扰，使用户沉浸其中。

正是因为抖音在内容和设置方面为用户提供了更好的娱乐性，用户才会沉浸其中，不能自拔。因此，我们在运营抖音的时候，想要让用户持续关注，就不得不注重其娱乐性。

抖音的娱乐属性这么强，那它的社交属性如何呢？就目前来讲，娱乐性仍旧是各类短视频平台的基础属性，但抖音同样具备社交属性。比如，用户在抖音上分享内容，然后在评论区互动，在互动的过程中，把自己认为好的东西分享出去。

虽然抖音在社交上不具备微信、微博、QQ的专业性和全面性，但已经具备了构成社交的三个要素。

1. 关系链

社交是人的聚集，任何社交产品要做的第一步都是将人联系起来，没有关系链就没有社交。抖音想要成为一个社交平台，就必须把搭建关系链作为一项重点工作。

通常，抖音通过三种渠道来实现：一是获取粉丝通讯录权限，熟人体系是粉丝最先、最有兴趣关注的；二是给新粉丝提供优质粉丝关注栏；三是直接把粉丝带进发现页。

2. 信 息

当关系链搭建完成后，就需要持续不断地提供信息内容，否则就无法发展下去。抖音作为大型的音乐社区，没有特定的主题，但是基于算法，每个人都能找到自己感兴趣的视频，从而进行点赞和评论。这些都可以看作是信息内容。

3. 互动

在信息发出去之后，人们都希望得到回应，有互动才能促进信息的传递，才能产生创造信息的动力。所有的社交产品都离不开互动，一般我们可以通过以下两个途径来进行。

（1）站内互动。比如，引导粉丝填写自己的兴趣爱好等，用这样的标签来匹配具有同样特性的人群，这样互动起来更加容易。抖音的算法，能够根据用户经常浏览的视频来确定其喜好，从而推荐相关的视频，使有相同兴趣爱好的人互动起来。

（2）站外互动。即通过分享把优质信息传播出去，带动更多的人关注与互动。抖音可以将每一个视频转发或分享到其他平台，这不仅拓展了传播的渠道，还使互动范围变得更加宽广。

抖音的强娱乐属性和逐渐形成的社交属性，让它迅速成为短视频领域的佼佼者。当人们从微博、微信等平台齐聚抖音时，它火起来也就理所当然了。

"抖音热"背后折射的心理效应

人们喜欢刷抖音，不仅是因为抖音运营的成功，更多的还是因为人们自己。人们之所以会被各种新鲜事物吸引，甚至上瘾，大都因为一些心理作用。抖音正是抓住了人们的这些心理，迎合了用户的需求。

1. 好奇心理

好奇是人类与生俱来的天性。抖音火了之后，很多没有玩过抖音的人就开始好奇，抖音到底有什么魔力能够吸引这么多人玩，于是迫不及待地体验起来。这种好奇心一旦被勾起，就无法抑制了。

抖音里的短视频是没有细分类别的，用户无法知道下一个视频是什么，可能上一个还在搞笑，下一个就直戳泪点。用户在看了一个自己喜欢的视频后，就希望能够看到第二个、第三个……于是就沉迷下去了。

另外，好奇心理也会让用户开始尝试着制作视频，来记录他们的日常生活，得到他人的关注和点赞。在这种心理下，抖音用户就会越来越多。

2. 互惠心理

互惠心理，是指他人为我们做了好事，我们也会尽量以相同的方式回报对方。一方面，抖音为用户提供了展示自我的平台，用户甚至因此而获利，那么自然会更加热爱并制作更加优质的内容。另一方面，用户发布的短视频能够为用户创造价值，比如幽默的视频可以带来好心情，生活窍门类的视频可以提供日常技巧，美食类的视频可以教人学做饭，等等。这些都给粉丝带来了良好的体验，粉丝就会产生"感谢你的分享，我要赞回去"的想法。由此，就带动了抖音短视频的火热。

比如，厨房帮帮发布的网红鸡爪短视频（如图1-1所示），这让喜欢吃鸡爪的人自己在家动手就可以制作了。粉丝观看后除了点赞之外，还可能会在评论区询问制作方法等。因为视频给粉丝带来了好处，粉丝自然会回报点赞，这就是互惠心理的作用。

图1-1　网红鸡爪短视频

3. 成瘾心理

人在面对各种期待时，大脑会分泌大量的多巴胺，人会因此而开始变得疯狂。

抖音拥有点赞和评论功能，当创作者发布视频之后，粉丝的点赞和评论会对其产生刺激，让创作者产生被认同感和满足感。创作者为了获得更多的被认同感和满足感而不断地制作视频，这就是成瘾心理的作用。

这三种心理效应让抖音成了众多人喜爱的短视频App，不得不说这是抖音成功的一大因素。深入地了解这些原因，我们才能更好地抓住抖音的红利期，创造价值。

抖音火爆的几大热门主题

抖音云集了各行各业的人，内容极其丰富，你可以看到各种类型的短视频。那么，哪些短视频最受用户的喜爱呢？进行这样的调查分析，将有助于定位的选择。如果能做当下比较热门的主题，那无疑会增加了火爆的概率。

总的来说，以下几类短视频主题是当下比较热门的。

1. 颜值类短视频

在这个"看脸"的时代，拥有颜值的"小哥哥""小姐姐"类短视频被点击的概率非常高。比如"惠子ssica"（如图1-2所示）是抖音上非常有人气的女神，长相非常甜美，笑起来特别迷人，她的每个视频都带给人青春与活力，令人看了心情十分舒畅。

图1-2　"惠子ssica"抖音主页

如果你是一个颜值超高的人，那你就有了吸引粉丝的敲门砖。不过，再美的外表也只是一时的，想要长期得到粉丝的关注，不仅要注重仪态和打扮，还要提升实力，否则很容易昙花一现，秒变过气网红。

2. 生活类短视频

生活类视频内容的范围比较广，比如生活小窍门、美食、美妆、旅游等。这些视频内容是人们日常生活中用得上的，因此能获得不少的点赞。像花式系鞋带、巧妙去污渍、美食烹饪（如图1-3所示）、美妆推荐（如图1-4所示）等视频，都比较吸睛，让人忍不住想亲自体验。

随着经济水平的不断提高，讲究吃喝玩乐，过高品质生活成为越来越多人的追求，这类视频获得的关注量也比较可观。

图1-3　美食烹饪视频　　　　图1-4　美妆推荐视频

3. 搞笑类短视频

搞笑类视频（如图1-5所示）基本能覆盖全部的粉丝。比如讲笑话、滑稽的画面、恶搞等视频内容极易获得粉丝的观看和点赞。因为在无聊和快节奏的生活中，此类短视频能够带来娱乐，让人获得好心情，点赞就成了自然而然的事了。不过，需要注意的是，搞笑类视频的内容不仅要具有趣味性，而且要不断创新，才能持续获得粉丝的关注和点赞。

图1-5　搞笑类视频

4. 才艺类短视频

才艺类视频的内容也比较广泛，比如唱歌、跳舞、运动、书法、画画和传统的匠人手工等，这些往往能够引起粉丝的敬佩之心，从而点赞或评论。

比如被称为"保定的爱迪生""手工界的樊少皇""无用产品的发明者""废弃材料的守护者""废材之王""牛仔裤爱好者"的V手工～耿,在自家小院亲手制作了各种金属手工作品,从"脑瓜崩"辅助器、菜刀梳子、不锈钢拨浪鼓,到倒立洗头机、跑步充电器、动感单车豆浆机等。通过这些才艺类视频(如图1-6所示),手工～耿在抖音获得了近317万粉丝。

图1-6　才艺类视频

5. 教学类短视频

当下,线上教育开展得如火如荼,虽然抖音短视频很短,但也足够讲解一个知识点或技能。很多人开始用抖音发布各种教学类视频,比如英语口语教学、拍摄技巧讲解、PS图像处理（如图1-7所示）等。这些零碎又实用的技巧对相关领域的人群来说比较实用，自然也愿意关注。

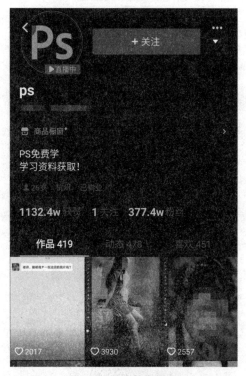

图1-7 PS教学视频

以上几类主题是抖音比较常见的，除此之外，还有萌宠类、正能量类等。当然，无论选择哪一类作为自己的创作内容，都需要考虑自身的因素，不能盲目跟风。

如火如荼的"抖音+电商"营销模式

说起电商，很多人都会想到淘宝、京东等被大众熟知的电商交易平台。其实，当下的电商含义要广泛得多，比如垂直电商、内容电商、社交电商等，电商的形式越来越多样化。当传统电商的红利期过去之后，新的电商形式会不断涌现。

从2018年开始，抖音短视频App慢慢超越微信、微博等，占据下载量榜首。抖音还与淘宝展开合作，在视频内置淘宝链接，为商家提供巨大的流量入口。随着抖音的持续走红，越来越多的商家纷纷入驻，抖音已经成为新的电商流量入口。

那么，为什么抖音会成为电商的新领域呢？主要有以下几点原因。

1. 优质的流量池

目前，抖音已经成为短视频领域的佼佼者。抖音用户已经突破5亿，而且大都是一二线城市的年轻人。这些年轻人喜欢炫酷、模仿，对直播带货这样的电商形式自然愿意尝试。

抖音为了迎合电商的发展，构建了一个良性生态的UGC（user-generated content，用户生产内容）生产体系，从产品到运营都做了大量的努力，创建年轻人喜爱的标签，上线更多特效和音乐，让视频变得更加炫酷。

此外，抖音鼓励用户创造内容，打造网络红人，并给予他们更多的流量支持，让他们继续创造更优质的内容，从而形成一种良性循环。网络红人的产生与增长，带来了更多的粉丝流量，使抖音成为拥有巨大流量的电商入口。

2. 定向推荐，更易曝光

做过电商的人可能都有过这样的感受：有推广才有流量，才会被推荐。因此，为了增加曝光量，就必须不断地在推广上进行投入，比如店铺装修等。谁出的价高，谁的店铺就能排在较前的位置，就能增加曝光量。

抖音在这方面则大不相同，它的广告是根据地区、年龄、性别和爱好等，向不同人群定向投放的。而且这些广告一般比较注重视觉效果，很少会给用户带来干扰。所以，一旦一条抖音火了，投放的广告就能获得更多的曝光量。

3. 推广方便，效果好

抖音短视频的制作成本比较低，只需要一部手机，通过抖音自带的各种特效就能快速制作出自己的产品宣传视频，然后上传到抖音，不花一分钱就可以分享出去。

另外，抖音与电商平台在社交和推广上完全不同，抖音短视频更容易刺激用户进行"转评赞"。如果你是一名KOL（Key Opinion Leader，关键意见领袖），对某一领域、某类产品有独到的见解，拥有大量粉丝且为他们所信任，那么在抖音上推广某种产品，就会取得不错的效果。在好奇心的驱使下，人们更容易做出消费行为，如果产品用起来确实效果好，就会形成口碑。这比专业电商平台的推广要方便得多。

基于这些原因，抖音已经成为新的电商入口，我们应该及时觉察到这些变化，抓住短视频这个实现增长的契机，在抖音上施展拳脚，激发电商的潜能，从而收获更多的可能。

抖音带货还能走多远

我们已经充分认识到了抖音的流量价值，在这种情况下，抖音的带货呈现出火爆的势头。而且，越来越多的商家意识到了这一点，纷纷进行抖音短视频直播。

那么，抖音真的有如此巨大的带货力吗？用户真的会因为看了视频就产生购买冲动吗？到底要不要花费大量的时间、人力等去运营一个抖音号？我们不妨来看几个例子。

有这样一条视频：

一位农妇坐在橙子堆旁边，一边用她粗糙的双手剪着橙子梗，一边伤感地说："橙子丰收了，却没有人收购，眼看就要坏了，这可怎么办呢？"

这条视频在抖音上发布后，迅速获得了20多万次的点赞和评论，许多看了视频的人你一箱我一箱地购买起来，有的粉丝甚至发动身边的人购买，短短三天，橙子就被销售一空了。

我们暂且不论这视频是不是商家策划的，但这足以说明抖音带货力的强大。抖音短视频的视觉化效果很容易引起观众的共鸣，一旦观众被触动，转化就水到渠成了。

如果这种略带煽情的短视频还不足以说明抖音的带货力的话，那么2020年，罗永浩开始直播带货绝对称得上是业界的一大新闻。

4月1日晚11点，罗永浩在抖音上进行了自己的第一次直播带货（如图

1-8所示），3小时就创造了销售额超1.1亿元、观看人数累计达4 800万人的佳绩。这创下了抖音平台目前最高的带货纪录。

在罗永浩的直播间里，产品种类繁多，通过老罗的直播，很日常的产品也有不错的销量，更有22件产品被疯抢，包括：科技产品，如手机、投影仪；生活家庭用品，如扫地机器人、洗面奶；食物类产品等。

图1-8　罗永浩直播带货

罗永浩的直播首秀，虽然在直播间也是笑点频频，但还是存在不少的缺点。

首先，这是"名气+流量"打造出来的，即罗永浩的名气加上抖音给的流量推荐，之后是否还有这个流量就得看罗永浩的带货能力了。

其次，推荐的产品价格低的转化率高，而贵的产品比较尴尬。卖出的销量可能刚好填满坑位费。

最后，由于是初次直播，罗永浩不仅有些拘谨，还出现了口误。而且罗永浩的语言风格似乎还有可以改进的空间，做直播带货需要麻利干脆，几分钟就讲清楚一个产品。

不可否认，罗永浩初次做直播带货虽然存在着一些不足，但这并不影响直播带货的火热。其实，除了抖音之外，淘宝的薇娅直播卖4 000万的火箭等，这些都证明了直播带货当前的火爆，抖音能否在这条道上越走越远，我们拭目以待。

第2章
我就是我，特色定位，
一"抖"定江山

无论是个人还是企业，要想做好抖音号，定位尤其重要。从注册抖音号开始，你就要进行用户分析，明确用户需求，清楚自己擅长什么，想做什么。想好了这些定位，做出自己的特色，才能形成自己的品牌，并拥有众多的粉丝。

先做用户分析，再决定做什么

　　火爆的抖音短视频，到底是哪些人在玩呢？这些人有着怎样的特点？如果我们能够对此进行了解，对抖音的内容定位是非常有帮助的。首先，我们来看Quest Mobile发布的2019年抖音数据分析报告（如图2-1所示）。

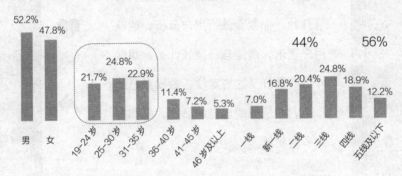

图2-1　Quest Mobile发布的2019年抖音数据分析报告

1. 性别：男女比例比较均衡

　　从图中我们可以看到，抖音用户的性别比例比较均衡。不过，男性和女性的消费观念不同，比如男性更关注产品的质量和性能，而女性通常更易受产品外观影响。总的来说，女性较男性更有消费意愿。

　　因此，在做抖音内容定位时，我们可以根据男性和女性不同的消费观念和喜好来进行。比如男性大多数喜欢电影大片清单、足球精彩集锦、成功人士书单、游戏比赛精华等，而女性则对化妆品、整理收纳技巧、美食等内容更加偏爱。

2. 年龄：年轻人是主力

从图2-1中我们可以看到，玩抖音的人群年龄主要集中在19～35岁，占了近70%。这类人群都有哪些喜好呢？了解这些后，我们做内容定位时就可以迎合他们的喜好，这样更容易获得成功。这里，我们逐一进行分析。

（1）19～24岁：即将毕业或初入职场的人。这类人群时常感到迷茫，不知道适合自己的工作或方向是什么，他们希望能够得到成功人士的点拨和指导。因此，一些给职场新人提供个人职业发展规划、面试技巧、职场社交等内容的视频比较受青睐（如图2-2所示）。

图2-2 面试技巧视频

（2）25~30岁：工作了几年，渴望事业有成，爱情美满。这个年龄段的人群面临着巨大压力，不仅要不断提升自己的竞争力，还要在工作之余放松自己。因此，教学类、娱乐类等视频比较受欢迎。

（3）31~35岁：成家立业了，孩子的到来使其多了快乐也多了烦恼。对于这类人群，亲子教育类、情感类等视频比较符合他们的需求。

不同年龄的人关注的问题也不同，细致分析每个年龄段人群关注的重点，我们才能输出符合用户需求的内容。当然，有些内容需求与年龄关系较小，比如搞笑类。总之，你的内容要契合某个年龄段用户的需求，才有成功的可能。

3. 地域：一二线城市与三四线城市并驾齐驱

抖音一开始以一二线城市为主，随着火爆程度的加深，当下已经逐渐辐射到了三四线城市。这些地域的人群在时间上也比较固定，碎片化时间较多，短视频很好地符合了他们对娱乐的需求。

总之，要先了解用户画像信息，做好用户群体定位的差异化，找准自己的粉丝，然后再开始制作短视频，这样，我们的抖音号更容易脱颖而出。

做你擅长的领域，才是合适的选择

每个人都会有自己擅长的领域，如果能够深耕下去，就一定会有所收获。因此，我们要找到自己擅长的领域，这样做抖音内容定位就容易多了。如果我们没有什么特别出众的才能，那就要认真审视自己，找到自己的最优面。

那么，如何发现自己擅长的领域，并做好自我定位呢？

1. 你被赞扬最多的事是什么

在生活中，你有哪些方面被身边的人称赞过，好好回想一下，然后把它写下来。比如，你做的饭菜很可口，身边的人都夸你厨艺好；你喜欢摄影，拍的照片很美；等等。这些都可以成为你抖音内容的选择。

2. 思考你对什么最感兴趣

每个人都有自己的兴趣爱好，当你真正喜欢做一件事的时候，就不存在有没有时间，而是会全神贯注地坚持下去。这种长期的坚持会让你变成该领域的高手。

在抖音上，有许多因为爱好而拍摄的视频，比如弹奏乐器、唱歌、跳舞等。这些由于是长期的兴趣，表演往往会很出色，甚至直追领域内的专业明星，这样的视频自然很容易火起来。因此，不妨从你的兴趣爱好入手选择内容，或许会有出乎意料的效果。

3. 找到自己能快速学会的技能

每个人的天赋都不一样，每个人的潜能都是巨大的。很多时候，就连我们自己也很难发现自身的优点。比如，有些非专业演员自导自演一些搞笑片段后，发现自己演戏挺不错；有的影视爱好者制作的一些电影特效，甚至不输国内专业影片。

我们可以回忆一下，在学习哪些技能的时候，用的时间比别人短，效果比别人好。也就是说，找到一个自己能够快速学会的技能作为创作内容，成功的可能性更大。

找到自己擅长的领域有很多方法，不局限于以上三种，用最适合自己的方式，去发现自己的优势和天赋，然后不断地在这个领域耕耘，你的视频必然会收获大量的粉丝。

场景定位，用体验带来更多粉丝

抖音作为记录美好生活的App，可以在任何地方录制视频进行分享，不同的场景所承载的剧情也不一样。喜欢摄影的人都知道，在拍摄视频时，注意环境与人物之间的融合非常重要，恰当的环境往往能够衬托出较好的气氛。

那么，什么样的场景才适合自己呢？我们不妨先来了解一下常见的短视频场景都有哪些。

1. 居家环境

家是一个比较温馨和轻松的地方，很多短视频都是在家里拍摄完成的，不同的地方拍摄的主题也不一样。比如，客厅适合家庭搞笑短剧、亲子互动等，卧室适合亲子教育、温馨时刻的分享，厨房则是美食的天地。

2. 健身房

好身材被越来越多的人追求，健身房成了很多人打卡的地方。这样的场景环境配上绝佳的身材，让健身成为一种时尚的运动。这里往往是各种健身品牌和运动品牌的天然推广载体。

3. 舞蹈室

优美的舞蹈，配上节奏感强的音乐，再加上舞蹈室的灯光效果，带给人视觉上的冲击。当然，舞蹈并非只能在舞蹈室进行，其他诸如室外广场、客厅、舞台等也可以成为场地。不同的场景选择，营造的氛围不一样，效果自然也不一样。

4. 公路

公路一类的视频也能获得不错的点击率，各种行车记录仪记录着行进途中的各种状况，有交通事故画面，也有暖心的画面，这些画面有的能够起到很好的警醒作用，有的则可以传递爱心。此外，摩旅爱好者、自行车爱好者也会随时记录自己在路上的点滴。

5. 都市与景点

都市的地标建筑、广场、公园等成为人们主要的户外活动场所，这些地方有很多趣事值得记录，无论是街头搞笑，还是广场尬舞，都是众多人拍摄的主题。此外，都市景点和自然景点是许多旅游爱好者拍摄的主题，可以很好地勾起人们对这些地方的向往。

6. 办公环境

抖音的受众以年轻人为主，而"90后"群体较多的公司的公司文化往往比较活跃，思想比较新潮。将办公室日常搬上抖音成了一大乐事。比如，同事之间的整蛊、互相尬舞，以及上下级演绎的搞笑片段等。

7. 美食店

抖音带火的美食店有很多，一旦成为网红店，就会成为大批粉丝的打卡地，人们体验网红产品时往往会录制视频来分享自己的感受。比如，曾经很火的"答案奶茶"就是很好的例子。即便不是网红店，人们在享受美食的时候，心情也是轻松快乐的。饭桌上的美食，上菜的小姐姐，朋友间的谈笑，甚至即兴来一段表演都是比较好的拍摄主题。

在抖音短视频中，几乎各种各样的场景环境都能出现，除了以上说到的这些，还有游乐场、水上乐园等。场景的选择大都与选择的内容有关。比如，你想以舞蹈为内容定位，那么选择怎样的场景要根据你的舞蹈类型来定。如果是社交类的广场舞，自然是以各城市广场为场景较佳；如果是柔美的舞蹈，则选择舞蹈室更佳。

　　总之，做好视频的场景定位，使之与视频内容相得益彰，能够带来更好的视觉效果，给用户更好的观看体验。

用户需求是一切定位的前提条件

有句话说得好："得用户者，得天下。"抖音能否做成功，一个重要因素就是在做定位时有没有考虑到用户的感受和需求。抖音营销的对象是用户，如果满足不了用户的需求，就算再努力经营也是白费。

下面，我们来看一个定位成功的案例。

如图2-3所示，是"暖男先生"的抖音号主页截图。从账号名字我们就可以猜到内容，该抖音号以一个中年已婚男性讲述暖心故事为主。这样定位就锁定了两类人群：一是已婚男女，二是适婚男女。基本上把消费能力较高的人群都包括在内了。

通常来说，即将步入婚姻或已婚的女性比较喜欢这种暖心的故事，而且还会转发给另一半，或好友间互相分享，使得分享和转发率提高，男性看后也会产生一些共鸣。

"暖男先生"通过提供情感生活中的温暖画面，让身处情感生活中的人们感受到暖意和新意，这样的需求面向的是所有的家庭，这部分用户不仅是家庭的主力，而且大都是职场的

图2-3　"暖男先生"抖音号主页

主力。因此，内容的需求和变现都有很大的空间。

由此可见，能够满足用户需求才是最精准的定位。我们必须站在用户的角度思考内容是不是他们需要的，不能仅仅只是自娱自乐。我们可以从以下两个层面来进行操作。

1. 分析用户的需求

在互联网时代，只有尊重用户，掌握用户的需求，才能获得用户的认可。做抖音也是如此，必须坚持用户需求驱动原则。

（1）发现需求。一般来说，我们可以按照年龄、性别、爱好等属性来对用户进行分类。我们要做的就是发现这些群体的交叉点，比如在某个时间段他们会做出哪些共同的行为，这样一来就能够精准地发现用户的需求。

（2）分析需求。当我们发现了用户的需求之后，需要进一步进行分析，甄别出用户的真实需求是什么。我们可以引用狩野纪昭教授发明的一种对用户需求分类和优先排序的工具——KANO需求模型来讲解。KANO需求模型是以分析用户需求对用户满意度的影响为基础，体现了产品性能和用户满意度之间的非线性关系。它包括基本型需求、期望型需求、兴奋型需求、无差异型需求和反向型需求。

其中，基本型需求是用户对产品或内容的基本需求；期望型需求是用户期待有什么样的内容或产品功能；兴奋型需求是满足了用户的真实需求；无差异型需求则是不论你提不提供这些内容，都不影响用户的满意度；反向型需求则是用户不想要的。

（3）描述需求。采集完用户的需求之后，需要一一进行验证，看是否真实存在。我们可以通过观察、交流的方式进行判断和总结，最后描述出来，并通过用户画像的方式，确认最终的需求。这样，在进行营销的时候，才能做到精准。

2. 帮助用户解决需求难题

为什么一批又一批的抖音视频火了？就是因为这些抖音满足了用户的需求，解决了用户的难题。当然，想要准确地发现和挖掘用户的需求，就必须进行深入的研究，然后通过视频来呈现内容，解决用户的难题。

不同的用户，需求自然不同。任何一个领域，只要找到用户所需就能够成功。比如，针对年轻女性这一群体，抖音发布了很多美食、带娃、美妆类的视频，其中出了不少爆款。因此，针对年轻女性群体的需求来做内容定位，是一个不错的方向。

展示特色，才会与众不同

打开抖音搜索某个主题，你会发现有一大串相关的抖音号，而且不少粉丝数都达上百万。可见，在当下各个领域内的百万粉丝号比比皆是，甚至千万粉丝号也大量存在。那么，想要从零开始做一个自己的抖音号，如何才能火起来呢？

首先，我们要分析百万、千万粉丝号都在做什么，深入研究他们的成功之处，然后找到自己的特色，展现与众不同的内容，即做好差异化定位。

具体的操作，我们可以从以下几个方面做起。

1. 寻找切入点

为什么别人做抖音能这么火？他们有什么特色？他们的优势在哪儿？找到切入点是我们的首要任务。第一步，我们要仔细分析走红抖音号的优势和不足，比如找到这些抖音号中不适应当今时代潮流的一些地方，这很可能就是我们的突破口。

切入点必须符合三个要素：一是契合用户的需求，二是同类抖音号没有涉足的领域，三是简单好操作。美食号"山药视频"就是一个很成功的案例。

在众多美食视频中，"山药视频"独辟蹊径，以武侠浪子的野炊方式制作美食，在幽默搞笑的剧情中衍生出"碗底有虫""钢铁侠"等梗，成功打造了户外美食IP（如图2-4所示）。在山清水秀的地方野炊，美景、美食相得益彰，对于粉丝来说，真是一种自然的享受，让人产生向往之情。

图2-4 "山药视频"抖音号

目前，"山药视频"在抖音上拥有上百万粉丝，全网粉丝达800多万，总播放量超过5亿。另外，"山药视频"的火爆也带来了商业变现，其在平台上开始帮助当地县政府销售李子、橙子等特产，并且销量不俗。

"山药视频"无疑是找到了自己的切入点，即武侠的既视感加上野外的自然环境，让其有别于其他美食视频，拥有自己的特色，成功就成了自然而然的事。

2. 围绕品牌做特色

对一些商家来说，在抖音上运营产品的主要目的就是引流。为了吸引粉丝，很多商家急于求成，一味地模仿或跟风，没有自己的风格，即便偶尔能出一次爆款视频，粉丝在打开主页面观看其他视频时，发现风格变化太大，也会粉转路人。所以，在做内容的时候，一定要围绕品牌走自己的路。

如果一个抖音号没有明确的发展规划，视频内容、风格杂乱无序，就无法引起目标用户的持续关注，从而难以形成固定的、黏性的、稳定的关系。

因此，无论电商要做什么样的差异化定位，都要了解自身的品牌文化，从自身出发，制定一个稳定的、有自身特点的发展规划。

3. 抢占稀缺领域

做抖音要有自己的特色，换句话说，就是要通过自己的独特抢占市场份额，获取市场的稀缺资源。那么，我们该如何做呢？

一是把自己放在一个恒定的市场中。恒定市场一般变化不大，比较稳定，风险也相对较小。而快速变动的市场瞬息万变，即便你能做到第一，也会随时因为改变而发生策略、模式的根本性变化，瞬间跌入低谷。

虽然高成长率、高变动的市场可以获得大概率的成功，比如之前流行的"好嗨哟"（如图2-5所示为作业版"好嗨哟"），但这些内容本身来得快去得也快，持久性是一个问题。因此，不如抓住恒定市场。

图2-5　作业版"好嗨哟"

　　二是寻找恒定市场里的稀缺资源。人人都想做出自己的特色，但特色不代表份额，抢占更多的市场份额才是我们的战略目标。所以，我们要考虑自己所做的领域的前景，然后在里面找到难以规模化的稀缺资源，通过规划来获取它们。

　　总之，无论是做个人抖音号，还是做企业抖音号，定位在恒定的环境内是比较稳妥的，然后深耕不辍，持续输出对用户有价值的特色内容，日积月累，必有收获。

第3章
快速上线，会注册，懂养号，不怕起步晚

———————————

很多人一听抖音火了，也跟风玩起来，从打开界面到注册，几秒钟就可以搞定。然后就开始各种研究：如何设置资料？如何发布第一个视频？怎么突然就被封号了？尽管玩抖音很容易，但想玩好就难了。如果你会养号，就不怕比别人起步晚。

如何快速注册个人账号

很多人会说，注册个人抖音号非常简单。确实，我们只需要用第三方账号，比如微信、QQ即可登录，几秒钟就可以搞定。这么简单，还有必要进行详细讲解吗？当然有，注册只是第一步，后续进行一些设置能够使账号传递出更多的个人信息，给用户留下良好的第一印象，为下一步的路转粉打好基础。

1. 注册步骤

下载抖音App→点击打开App，点击右下角的"我"按钮，进入页面→在弹出的页面中输入手机号注册，或点其他登录方式→用户协议点"同意"按钮→获取验证码，输入后点对钩按钮→注册完成。

2. 设置一个合适的昵称

注册完账号后，我们要根据定位取一个合适的名字。可别小看这个名字，取得好对涨粉和营销都是非常有利的。所以，在取昵称的时候一定要慎重考虑。那么，如何才能取一个真正适合自己定位的昵称呢？

（1）表明立意。抖音号昵称就如人名一样，是一种识别型的符号，它需要表达清楚两件事：你是谁？你是做什么的？这样可以让用户一眼就识别出你来，从而更有针对性地吸引粉丝关注，减少沟通成本。

（2）相关的植入。昵称是一个很好的广告植入窗口，可以将自己的定位和主要内容以关键词的形式植入昵称里。

除此之外，一个好的昵称还要好记、好理解、好传播，这就要求昵称不宜过长，读起来顺口，避免使用生僻字和复杂图形。在取昵称的过程中，还可以使用量词、叠词、命令动词、数字等来增加昵称的丰富性和趣味性。

3. 设置有吸引力的头像

头像和昵称一样，能够给用户展示第一印象，尤其在网络世界，头像是一种视觉语言，它不仅可以展示第一印象，还可以直接表明账号的属性。所以，设置一个有吸引力的头像同样重要。具体可以从以下几点着手进行。

（1）头像要有比较强的吸引力，给人以好感，便于用户和粉丝对你产生比较深刻的印象，从而关注你。

（2）头像一定要符合抖音的定位，与抖音的风格保持一致。

（3）个人抖音号头像可以是自己的正面自拍照或者全身照。

（4）企业抖音号头像最好是企业或品牌的LOGO或品牌的名字。

此外，在设置头像时，还要注意一些禁忌。比如，不要选背景图片，因为背景图片一般没有亮点；不要选卡通图片或动物图片，因为这些图片会让用户觉得你不专业；不要选产品图片或二维码，因为这些图片很容易引起用户和粉丝的反感，从而取消关注。

4. 设置一个完美的简介

昵称和头像可以很直观地表明你是谁，简介则可以更好地表明你是做什么的。它是补充昵称的一个道具，可以对昵称进行解释说明。例如，如果你的昵称是以"爱好"为关键词命名的，简介上自然就可以对你的爱好进行说明。

简介因为字数相对较多，可以更加充分地介绍账号，不过，如何写好简介也是需要花心思去构思的。通常来说，我们可以这样来操作。

（1）简介一定要围绕定位展开，要紧扣昵称，向用户和粉丝展示你是做什么的。

（2）语言要诙谐有趣，有亮点，避免使用生僻字，要言简意赅，让每一个字都发挥它的用处而不显多余。

总之，不填写或随意填写简介就等于浪费了初级阶段的免费营销。我们要认识到想运营好一个抖音号，就要尽量做到完美，把简介写得高大上一些，并根据不同阶段的发展情况随时进行相应的更改，让简介随时保持对应。

完成以上几个步骤，一个抖音号基本就注册完成了。接下来，你就可以开始创作和发布第一条抖音短视频了。

抖音企业号的注册与运营

除了个人账号之外，抖音还有不少企业和商家入驻，可见抖音上有着巨大的用户资源。通过抖音进行营销，不仅成本低而且效果好。那么，如何注册一个企业抖音号呢？它与个人账号有哪些区别呢？

1. 企业号注册步骤

用手机号注册一个抖音号→登录PC端抖音官网，点击右上方的"企业认证"，再点击"我要申请"→登录手机账号，打开企业号注册、认证界面，点击"开启认证"→按要求填写各项资料，上传相关资质照片→支付费用，申请信息审核→通过审核，两个工作日后即可开启认证，注册完成。

2. 申请蓝 V 认证

什么是蓝V认证呢？其实就是抖音企业号的官方认证。有了官方的认证就代表着可靠性和权威性，这可以让用户更加信任你发布的视频。比如，当用户刷到两条观点不一致的视频时，拥有官方认证的账号更能获得用户的信任。

那么，如何获得蓝V认证呢？

我们可以在抖音的"设置"界面，选择"账号与安全"，点击进入后，选择"申请官方认证"选项，进入"抖音官方认证"界面（如图3-1所示），在这个界面可以看到"个人认证""企业认证"和"机构认证"三个选项，选择"企业认证"，打开界面（如图3-2所示）。

图3-1　抖音官方认证界面　　　图3-2　企业认证界面

上传相关资料后，等待抖音官方的审核即可。如果审核通过，官方认证就会显示在资料中，企业认证就变成了蓝V。

3. 利用好企业号的福利

企业号是抖音专门开设的项目，在收费的同时，也会推出一些福利，与个人号相比也有更多的权限。企业可以用好这些福利，发挥其最大作用。

官方认证标识是抖音专为企业号设置的，个人号是没有的，企业要在注册时把信息填写完整。另外，全昵称搜索置顶也是抖音重视企业号的一个方面，它可以让企业号置顶推荐，用户在搜索的时候，首先曝光的是相关企业号的信息。

4. 做好信息矩阵的互相导流

抖音短视频与西瓜视频、火山小视频都是今日头条旗下的产品，彼此之间权益是同步的。因此，在发布抖音视频的时候，企业和商家一定要在这些平台同时联动，进行同步内容推送，互相导流，以达到最好的效果。

5. 选好内容的发布节奏

根据企业的性质，可以将内容分为热点型、标签型和广告型三种。热点型内容是根据时下的热点进行策划、拍摄，要求速度和创意，一定要抢在他人前面发布，才能抢占流量高地。标签型内容是视频上传后打的标签，好的标签更容易吸引粉丝，一般控制在6~8个为宜，一个月或一个季度发布一次。广告型内容要与企业的营销节点配合好，集中投放，才能在短期内实现爆发式增长。

6. 内容要与产品相结合

虽然企业号的内容可以是文化的传播，也可以是具体产品的推广，但无论做哪一个，都要尽可能地与产品联系起来。比如把产品业务视频化，做到生动有趣，就能够引起粉丝的更多关注。比如"小米手机"官方号的视频内容，很多就是以手机的亮点为创作素材，通过故事、搞笑的形式来宣传各种功能。

总之，注册企业抖音号最终的目的是宣传产品，所以运营上要以结果为导向，内容要能够起到推广产品的作用。在运营企业抖音号的过程中，我们需要不停地总结和学习，制作优质的短视频，从而为企业的发展助力。

五个步骤打造你的第一个抖音视频

完成账号注册后，如果你迫不及待地想发布一条内容，只需要打开抖音，五个步骤就能简单地完成制作。

第一步：打开抖音界面，单击中间的"+"图标，即可开启手机摄像功能，此时是前摄镜头，单击页面右上角的翻转图标，即可开启后摄镜头（如图3-3所示）。

图3-3　抖音"拍摄"界面

第二步：选择好拍摄视频的时长，选项有"60秒"和"15秒"，然后单击一下中间的红色按钮开始进行拍摄。在拍摄的过程中，有很多种玩法，比如静态、动态、拼接等。

第三步：选择配乐。很多人喜欢在拍摄前先选择音乐，这样也是可以的。但很多时候我们拍摄的主题是不固定的，而且有些场景需要快速拍摄，甚至连音乐都来不及选择。因此，先拍摄，在拍摄完后再根据内容来选择符合主题的音乐或许更加方便。

点击"配乐"，即可在推荐一栏里选择系统匹配的音乐，点击"更多"可以选择更多的音乐，也可以点击"收藏"选择收藏的音乐；点击"音量"可以调节原声和配乐的大小（如图3-4所示）。完成后，点击"下一步"即可转到"发布"页面。

图3-4　"配乐"界面

第四步：编辑文字。在"发布"界面（如图3-5所示）填写和视频内容相关的标题，可以让更多的人关注到。还可以点击"添加位置"定位你录制视频的地点，点击"谁可以看"设置视频观看的权限。

图3-5　"发布"界面

第五步：一切搞定之后，点击"发布"，视频就被上传了。如果这一步文字没有编写完，也可以点击"草稿"将录制的视频保存起来，下次打开继续编辑完整再发布。

录完一个抖音视频非常简单，但是想要做到专业，就会变得复杂起来。资深的抖音大V会借助相机及专业剪辑软件来提升画质和特效，让视频更加精彩，这些内容我们将在后面学习。

找到自己的抖音榜样

抖音是一个人才济济的地方，各个领域的优质视频层出不穷，这些优质视频都是值得我们学习的，我们可以将它们称为榜样。想要做好自己的视频，关注相关的优质号是必须的。

那么，如何寻找自己的榜样呢？

首先，关注相同领域的账号，即细分领域的账号。比如，你想做一个摄影号，那么你就可以关注抖音上同类的优质摄影号，看看别人是怎么运营的，时时关注这些账号发布的新内容，并进行比较，从中学习经验，从而把自己的账号打造得更加优质。

其次，关注不同领域的优质账号，即其他领域能够给自己带来创作灵感的账号。这些账号虽然内容上可能与自己无关，但在思路、特效等方面能给自己带来灵感。

通常来说，相关账号与不相关账号的关注比例为7∶3。如果你关注了100个账号，那么70个是同领域的，30个是不同领域的。关注后，你可以每天花费半个小时或一个小时观看这些账号发布的最新视频，它们能够给你以启发，培养你的创作广度。

组建团队，一个人玩不如一起玩

我们常说"人多力量大"，当然并不是指人越多就越有优势，而是指通过组建一个多人的团队，发挥团队中每个人的优势，从而让力量最大化。

在运营抖音的过程中，视频的完成需要写脚本、出镜、拍摄、剪辑。如果没有团队，这些任务则很难完成；如果有团队，就可以集团队的智慧把问题解决掉。对商家而言，由于内容的专业性，拥有一支专业的团队是必要的前提。

当有了团队，策划抖音作品就不用再单打独斗了，而是可以把任务分解，分配给最适合的人。在分工明确的基础上，大家集思广益，一起进行头脑风暴，想出最佳创意，这样，内容的持续性和质量就更加有保证了。

那么，如何才能组建一个足够优秀的团队呢？下面，我们用5P要素来进行分析。

1. 团队目标（Purpose）

任何一个团队都必须树立自己的目标，抖音团队也一样。没有目标的团队是没有凝聚力和持久性的。团队成员必须保持目标的一致性。将总目标分解成小目标，然后再具体到每个成员身上，最终实现共同目标。

比如，一个抖音号想要实现100万的销售额，那么首先就必须打造一名抖音红人，让抖音红人来帮助实现这个总目标。那如何打造一名抖音红人呢？这就需要分步骤进行，否则最终的销售额就只是空话。

总之，拥有团队目标具有非常重要的意义。它能够使团队成员充满激情，精神振奋，让每一位成员发挥巨大的潜能，迸发更大的创造力，获得自我成就感。

2. 定位（Place）

在运营抖音的过程中，我们必须考虑一个问题：如何定位团队？比如，团队是什么类型的？成员的身份和任务是什么？团队的方向是哪方面？这些问题都可以归纳为定位问题。有了清晰的定位，团队才能坚定方向。

充分考虑以上各种问题，然后确定团队中每一个成员的角色，进而定位团队在市场上的位置。在完成团队的定位以后，我们还可以制定一些规范，比如明确团队任务，将团队融入组织结构，改变团队原有的思维模式等，以达到更具合作性的效果。

3. 权限（Power）

所谓权限，是指在创建团队时，对团队的工作范围、与其他团队之间的界限、团队的自主决策权等进行明确的规定和分配。

一般来说，领导者的权力大小在团队不同的发展阶段是不同的。在团队发展前期，领导者的权力往往比较大；而到了后期的成熟阶段，领导者的权力则慢慢变小了。

团队权限关系包括两个方面：一是整个团队拥有怎样的决定权，比如人事决定权、信息决定权等；二是团队的基本特征，比如团队规模、数量、授权等方面的大小。在运营抖音的过程中，充分考虑这两个方面，可以有效地将一些错误消灭在萌芽状态。

4. 计划（Plan）

计划是团队完成任务必须进行的一项工作，它是对所要做的事情的一个初期梗概。有了计划，后续的工作就能有步骤、有参考地进行。

我们可以把计划理解为两种含义。

一是最终目标的实现，需要一系列具体的行动方案。比如前面说的想要实现100万的销售额，那就必须制订一步步的计划，每月新增粉丝量，打造网红，网红带货……

二是有了计划，能够提前准备下一步的任务，保证目标的顺利实现。

抖音运营是一个长期的任务，每一个阶段该怎么走，都要有既定的计划，然后在逐步实施计划的过程中，不断走向成熟，最终获得成功。

5. 人员（People）

人员是构成团队的核心，目标是通过人员来实现的，所以团队要以人为本。在运营抖音时，我们要综合考量人员的能力、基本素质和学识水平等因素，让合适的人到合适的位置上工作。比如，有的人创意较多，有的人擅长制订计划，有的人实施任务效率高……合理地配置人员，发挥每一个人的优势，玩好抖音就不再是难事了。

这五个要素是团队建设中不可或缺的，任何一方面的缺失都会导致团队建设出现问题。想要组建一个高效率的抖音运营团队，就要在目标、定位、权限、计划、人员上下功夫，然后带领团队成员坚定地向目标迈进，这样才能获得成功。

账号被关"小黑屋"的自救

自抖音上线以来，用户迅速增长，各行各业的人活跃在抖音平台上，他们发布的视频内容也是五花八门、良莠不齐。针对这一情况，抖音平台担负起内容审核的责任，制定了审核规则，进行积极的管理，来规范视频的内容。

发挥社会正能量是抖音一直坚持的原则，对一些违规的内容和账号，抖音的态度是非常坚决的。因此，在运营抖音的过程中，一定要熟知抖音的相关规定，不要触碰红线，否则辛苦经营的账号就会被关"小黑屋"。

那么，哪些内容会导致账号被关"小黑屋"呢？一般来说，以下八个方面的内容是需要我们注意的（如图3-6所示）。

色情低俗类　　　　　　版权侵犯类

侮辱谩骂类　　抖音平台的　　内容引人不适类
　　　　　　　违规内容
造谣传谣类　　　　　　涉嫌违法违规类

垃圾广告类　　　　　　侵犯未成年人权益类

图3-6　抖音平台的违规内容

如果我们的账号一不小心被短期封禁了，该怎么办？

1. 询问客服封号的原因

如果你的账号莫名被封，最好的方法就是联系客服，我们可以编辑问题发送到抖音的官方邮箱，一般都能够得到很好的解决。

2. 尝试用解封 App 软件

如果咨询客服也无法解决问题，那可以尝试用各种解封App。这类软件可以在网上直接搜索，然后下载进行解封即可。

账号被封，大多数是因为内容存在违规问题，当然也存在被误封的情况。通常情况下，只要我们能够遵守平台上的规定，是不会被封号的。如果抖音号莫名被封，你又确定没有违反相关的规定，那么可以向抖音官方提出申诉。

第4章
内容为上，优质原创是
疯狂吸粉的基石

　　有的人说有流量就能火，有的人说内容才是火爆的关键，那么流量和内容哪个更重要呢？其实，我们经常说的流量，都是以优质内容为基础的。内容的好坏是抖音竞争的核心，因为技术可以复制，但内容难以复制。谁的内容独特，谁的内容优质，谁就能抢占流量。所以，我们必须做出优质的原创内容。

做好内容规划的四个要素

　　持续火爆的抖音号，必然有优质的内容做支撑。因为只有内容足够出色，用户才会持续关注。所以，精心打造内容是一项非常重要的工作。在进行内容规划时，我们必须考虑以下四个方面的因素。

　　1. 内容的定位

　　在制作一个视频之前，我们首先要考虑的问题，就是做什么样的内容。内容的定位对了，后续的努力才会有意义。

　　在确定视频内容定位的时候，我们要认真思考两个问题：一是我们拍视频给谁看，二是如何满足细分领域人群的需求。想清楚了这两个问题，就可以着手进行内容的选择了。

　　在选择内容的过程中还应该注意两个方面：首先，必须选择自己擅长的领域，发挥自己的优势是最明智的选择；其次，要善于在细分领域寻找突破点，找准一个方向深耕细作下去，做到极致。

　　2. 内容的产量

　　运营一个抖音号是长期的工作，必须不断有新的内容产生，这里就涉及内容产量的问题了。很多人在刚开始运营抖音的时候，对于多久发布一条视频，是日更还是周更、节假日更不更新等感到纠结。其实，这一切都取决于你的能力和资源。

　　对初创号来说，一定的更新频率是有益的，它可以让账号获得更多的曝光机会。但是数量必须建立在质量的基础上，无论选择哪种更新频率，保证视频的质量都是首要的。虽然许多大V号发布视频的频率不高，但每条都是精品，都能获得大量的点赞。

有没有靠量取胜的爆款视频呢？目前来说还没有发现，但可以肯定的是，只靠高频率发布视频是难以获得好效果的，内容的优质才是关键。

总之，内容的产量要根据团队的能力来定。但是我们必须保持一定的量和更新周期，因为我们不可能一起步就成为大V，在没有成为大V之前，积极地更新视频才会获得曝光量。如果团队足够强，可以每日更新；如果团队产量有限，保持周更新也是可以的。

3. 内容的稳定性

在有了一定的产量之后，我们还要注意保持内容创造的稳定性。抖音中的视频多如牛毛，内容同质化是避免不了的。想要在抖音的内容池中脱颖而出，强大的创新力是不可或缺的，维持不断创造的稳定性，才能保证内容的生命力。

有不少的抖音号会出现一两个爆款视频，浏览、点赞的人数超级多，但点开主页，你会发现其他视频的点击率都很低。之所以这样，就是因为这些账号不能持续输出有创意性的优质视频，因此注定是昙花一现。

4. 内容的调性

什么是调性，就是个性化表达。每一个短视频都应该有自己独特的属性，在规划抖音视频时，要努力挖掘亮点，让亮点成为内容的核心标签，然后在后续的视频中不断强化这个标签，让其融入视频，达到让人看到标签就能想到视频内容的效果。

比如，提到餐饮服务，我们就会想起海底捞；提到古风美食，就会想起李子柒，这就是一种标签。可见，一旦我们的视频被赋予某种个性化标签，就能够在众多的视频中脱颖而出。当视频火了之后，我们就可以借助标签进行一系列的商业化挖掘了。

所以，我们在进行内容规划时，要深入地调查和思考，从以上四个方面寻找突破点，稳扎稳打，逐步积累自己的粉丝，以便最终做出爆款。

坚持原创，原创，再原创

抖音视频的内容必须要有自己的特色，突出个性，才能在众多视频中脱颖而出。如何才能保持自己的特色和个性呢？只有原创一条路可走。只有依靠原创，我们才能比别人走得稳，走得长，走得好。一味地模仿他人注定是走不长久的，我们必须在内容细节上下功夫，最好的办法就是坚持原创，因为原创视频利润高、风险小、机会大。

不过，因为进行原创的难度较高，所以很多人在刚运行抖音时喜欢搬运内容，有些甚至取得了不错的效果。正是这种做法导致抖音内容同质化严重。虽然抖音并没有对这类视频进行严查，但一旦严查起来，生路就会被彻底切断。

那么，如何才能做好原创内容呢？我们可以从以下几个方面做起。

1. 原创内容的定位

做原创内容同样要进行定位，定位就是我们选择哪些受众，去做哪些方面的东西。就目前而言，抖音内容大致可以分为两类：一类是大众娱乐内容，比如搞笑、舞蹈、唱歌等，这类内容能够愉悦心情，粉丝的心理大多是"我喜欢你"；另一类是细分垂直类，即每个行业的知识、技能分享等，关注这类内容的粉丝心理则是"我非常崇拜你"。

娱乐内容比较大众化，受众粉丝庞大；细分垂直类内容相对小众一些，但它的优势在于粉丝的黏性和关注度、认可度高，粉丝转化率也更高。选择什么样的内容作为原创，需要根据你擅长的领域来选择，这样才能保证原创内容的可持续性。

2. 原创内容的突破

原创内容做起来并不难，但要想坚持做下去则有一定难度。如何突破原创内容的局限是很多抖音运营人的瓶颈。这主要受到三个方面的制约：一是策划的东西跟实际制作出来的视频会存在一定的差异；二是策划创意困难，因为灵感会用尽，能否保持持续的创意对原创影响较大；三是资金有限，难以持续性地投入进行原创内容的制作。那么，如何突破这些方面呢？

对于第一点，我们可以多学习视频的制作，好好打磨自己的作品，精益求精，不急于发布，尽量上传完美的作品。

对于选题和创意，就需要我们平时多积累，多关注时下热点，多站在受众的角度思考问题，保证内容贴合粉丝的需求。

对于资金问题，最有效的方法就是变现，比如接广告、卖货、接代言等。不过变现取决于内容的好坏，只有优质的内容才有可能变现。

3. 蹭热点做原创

我们身边每天都在发生各种各样的事情，总有一些事情能够引起广大群众的关注。只要你足够敏感，很多事情都可以成为我们内容的话题，将其与抖音内容结合在一起，即所谓的蹭热点，加上自己的创意和独特的表现方式，就可以为原创内容增光添彩。

那么，如何利用时事热点来创作自己的内容呢？我们可按照以下方式进行。

首先，多浏览网站和社交App，了解粉丝比较关注的新闻，只有受众都关注的新闻才是热点。巧妙运用这些热点，不仅可以增强内容的原创性，还可以更迅速地获得粉丝关注。

其次，每当有一个热点新闻发生时，都会引发一系列蹭热点的视频出现，让热点火上一段时间。只要参与这个话题就能获得不小的热度，我们也可以适当学习这个套路。但是要注意热点是否与自己的内容匹配，热点的价值取向是否正确。

4. 开拓思维，寻找新方向

原创需要活跃的思维，我们之所以觉得难以持续进行原创，很大一部分原因就是思维的固化。所以，我们要时时开拓自己的思维，多一些逆向思维和发散思维。不要认为没有可能性，换一种方式去思考问题，或许就能豁然开朗，更多的原创内容素材也就会随之诞生了。

总之，简单的原创内容是不难做的，我们要善于在生活中挖掘素材，从中获得启发，并通过一些拍摄小技巧增强内容的感染力。抖音平台的视频大都源自生活，只要你有一双善于观察的眼睛，就会拥有你的一席之地。

打造爆款内容的五大方法

打造爆款内容是每一个抖音运营者的追求，但这并不是轻而易举就可以做到的，通常需要非常好的创意和灵感，一旦灵感用尽，就什么也做不出来了。所以说，我们也不能一味地依靠灵感来支撑所有的内容，否则将难以长期坚持下去。

那么，有什么方法可以保证内容的持续呢？这就需要我们掌握一些方法。

1. 内容搬运法

前面我们提到过不要直接进行内容搬运，因为这种做法有它不足的地方。但对于一些新手，在过渡期巧妙地运用也能够起到一定的作用。在搬运内容的过程中，我们可以这样来操作。

（1）从经典影视剧里搬运。在刷抖音时，我们经常会看到一些取自影视剧的段子。其实，很多经典的影视剧桥段或者情节都是非常吸引人的。我们可以把这些精彩的片段剪辑出来，通过再加工，达到或幽默搞笑，或煽情的效果。

（2）从微信、微博里搬运。微信、微博作为社交平台，同样聚集了大量的用户，他们分享生活中的所见所闻，其中有不少的热点和趣事，只要你善于发现，就可以将这些内容搬运到抖音上。

（3）搬运名人内容。名人自带流量，其一言一行都会受到很多人的关注。我们可以借助名人的力量，蹭一蹭热点。比如，著名企业家、政治家发表的演讲就是很好的素材，我们可以截取其中经典的画面或讲话，然后将其搬运到抖音上。

（4）搬运网站内容。网站作为一个信息传播的载体，每天都有更新，其中一些有趣的新闻也可以成为我们的抖音内容。

2. 模仿法

模仿别人可以说是我们最擅长和常见的一种行为，作为娱乐，模仿一下他人其实也未尝不可。抖音内容的模仿更是司空见惯。其实，模仿并不是一件坏事，它是创新的基础，有了学习他人的量的积累，才会达到质的变化，最终形成自己的风格。

抖音内容的模仿可以从两个方面进行：一是随机模仿，什么视频火了，就自己拍摄一个类似的视频；二是有针对性地模仿，即寻找目标账号、IP，分析其桥段、套路，然后进行转化，重新拍摄。

有人说，模仿是抖音的灵魂。确实，当一个热点出现之后，只要模仿它就能带来不少的流量。从"地铁杆抓手"到"踢瓶盖"，无不显示了模仿的实力。

3. 四维还原法

四维还原法与模仿法相似，但与模仿法不同的是，它不仅能模仿对方的形，还能入"骨"，即模仿对方创意的核心。也就是说，四维还原法能够还原内容、评论、身份、策划逻辑四个方面。

内容还原是指用文字描述一遍视频，将对方的所有信息归纳出来；评论还原是指看视频用户的评论，寻找具有代表性的评论进行分析，从而得知该视频的兴趣点；身份还原是指该视频粉丝的群体是谁；策划逻辑还原是对该视频制作策划的构思进行分析。

通过四维还原法,我们就能够抓住爆款视频的创作灵感,找到对方的骨架,然后填入我们自己的血肉即可。

4. 场景扩展法

场景扩展法是指在找到目标用户之后,利用场景制造话题,寻找符合用户的创意。比如,我们运营的内容是幼儿方面的,那我们的目标客户就是婴幼儿。那么如何进行场景扩展呢?

我们以幼儿为中心,根据他的生活范围,寻找有关的关系,即进行第一次场景扩展(如图4-1所示)。

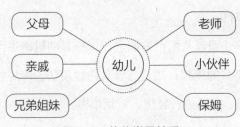

图4-1　幼儿常见关系

根据上图,我们可以再进行一次场景扩展,比如列举几个常见的、容易发生辩论和冲突的沟通场景(如图4-2)。

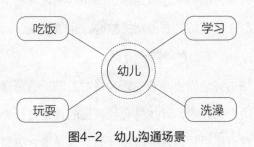

图4-2　幼儿沟通场景

　　扩展之后，我们就可以为每个场景设置对话。比如孩子吃饭这个场景，就会出现以下一些情况。

　　家长：快来吃饭了，怎么还磨磨蹭蹭的！
　　幼儿：我再玩一会儿就来。
　　家长：再玩饭都凉了，怎么就这么不听话呢？

　　家长：这个菜很好吃，营养丰富。
　　幼儿：不，我不喜欢吃这个菜。
　　家长：挑食的孩子长不高。

　　家长：把碗里的米饭吃干净。
　　幼儿：吃不下了，我不吃了。
　　家长：每次都剩，这样的习惯可不好哟。

　　通过这样的对话预设，许多场景就出来了，这可以为我们创作内容提供很好的灵感来源。学会了这个方法，我们就可以随时从生活中抓取一个人或者一个场景，对其进行扩展，再基于这些场景进行创造，就不怕找不到灵感了。

　　5. 代入法

　　代入法是指在抖音上找到一个爆款视频，然后给主题构建一个代入的场景，在这个场景中代入各种元素，轻松复制一个视频。比如以卖车为例，我们可以这样来想象场景。

　　（1）先构思一个场景，想一想在整个购车的过程中，有哪些场景可以运用，然后代入各种元素，将创意复制进去。

（2）开始构建场景。发传单、电话预约、接待顾客、询问价格、价格谈判、签约交车……哪些场景适合作为视频内容呢？选出你认为有吸引力的场景。

（3）选好了场景，代入创意。比如花式发传单、销售员名目繁多的邀请、工作人员的创意接待、独特的交车仪式……

总的来说，"代入法"的操作并不难，首先要找到视频内容的冲突场景，然后做成画面，在画面中融入不同的人物、IP以及各种梗等，以达到创意效果。

抖音的玩法有很多，学会运用以上五种方法非常有利于抖音号的突围。当然，条条大路通罗马，找到适合自己的方法才是最重要的，如果你的玩法本身效果就很好，同样可以成为他人的方法论。

内容发布，也要讲究天时

内容的制作要优质，发布的时间也很有讲究。通常来说，人们的业余时间是有规律的，如果能够在用户上线较多的时间段发布抖音视频，则会获得更多的浏览和点赞量。

那么，到底什么时间段是最适宜发布视频的呢？

根据统计资料显示，饭前和睡前是抖音用户流量最大的时间段，有六成以上的用户会选择在这个时间段打开抖音；有一成的用户会选择在碎片化的时间刷抖音，比如上下班路上；周末或节假日，抖音活跃的用户则大大增加。

具体来讲，一天当中的以下几个时间段是比较适合发布视频的。

（1）7:00~9:00。这段时间属于上班前的时间，大多数上班族在上班的路上，无论是坐地铁还是乘公交，刷抖音成了打发时间的好方式。这段时间就成了抖音用户活跃的时间段之一。

（2）12:00~13:00。这段时间属于午休时间，人们在吃饭的间隙通常也会刷抖音，虽然这段时间比较短，但也挡不住用户刷抖音的热情。

（3）18:00~22:00。这个时间段又可以分为两小段：一是下班路上的碎片化时间，二是到家后吃完饭放松的时间。其中，到家后吃完饭放松的时间可谓是刷抖音的黄金时间，人们在完全放松的状态下刷视频，时间上足够充裕。

了解流量高峰的时间分布情况，可以很好地指导我们选择视频发布的时机。尽量选择在这几个时间段内发布视频，那样可以获得更多的浏览量。当然，这些时间段只是相对的用户更加活跃，并不一定就适合你或带来大量的关注，我们还要根据自己的具体情况来定。

比如，如果你发布的内容是睡前故事，那么毫无疑问选择第三个时间段发布是最佳的。但如果是一些热点视频，那么就不用在意哪个时间段了，及时发布就是最好的，因为抓住时效性才是最重要的，同时要注意导向的正确性。

下面，我们仔细分析一下各类抖音视频内容的发布时间。

（1）经管类、搞笑类视频适合午间发布。白领和上班族在午休的时间可以学习一些经管知识来充电，或观看搞笑类视频来放松心情。

（2）家教类、育儿类视频适合在20:00～21:00发布。这个时间段，父母们有了空闲时间，很适合观看这类视频。

（3）情感心灵类视频在21:00之后发布。这个时间段，人们开始准备休息，精神彻底放松了下来，很容易被一些情感类的视频打动。

（4）旅游类、创意类视频在18:00之后或节假日发布。这段时间人们有充裕的时间观看。如果在节假日，人们正发愁不知道怎么安排假日时间，说不定刷到一个景点视频后就立马有了想去的冲动。

总的来说，抖音视频的发布时间不是固定不变的，以上时间段也只是提供参考，到底什么时候发布视频更好，我们还需要通过分析用户的浏览习惯来判断。同时也需要注意，在抖音发布视频有一个平台审核机制，在高峰之前完成发布，才能及时地推送出去。

避开内容禁忌，评审才能一路绿灯

任何平台都有自己的规定，抖音以"记录美好生活"为原则，如果你的视频存在违规行为，按程度轻重会面临三种处罚：一是系统发出警告，要求下架相关视频；二是系统发出警告，直接删除视频，降低账号权重，减少平台给予的流量；三是账号作废，重置账号，粉丝数、点赞数清零。

由此可见，制作抖音内容，不能为了流量不择手段，必须注意避开一些违规行为，否则好不容易聚拢起来的粉丝就会弃你而去，之前的所有努力也就前功尽弃了。通常来说，我们要注意以下事项。

1. 杜绝三观不正

所谓三观不正，就是指那些价值观导向不正确或严重扭曲的观念和行为。我们知道，抖音的大部分用户都是年轻人，这一群体很容易被抖音传播的内容影响，如果将不劳而获、投机取巧的观念宣传为成功的榜样，那势必会导致负面价值观的形成。

比如，抖音红人"温婉"，就因为自身的价值观存在导向问题，最后被用户投诉，被封杀。这是非常值得我们注意的。又如，很多人喜欢在抖音炫富，只要财富是正当获得的，这一点其实无可厚非，但如果来路不明，与身份不符，则是非常危险的。

虽然抖音并没有明确哪些内容是三观不正的，但审查还是很严格的。我们应该在制作视频之初就杜绝三观不正的内容，千万不能抱有侥幸心理。

2. 不要恶搞人民币、国歌、军服等

人民币、国歌、军服等代表着国家，是绝对不允许恶搞的。如果违规，则不仅是封号这么简单，还会涉及违法，是要负法律责任的。

3. 避免穿着过于暴露

在录制视频的时候，我们一定要注意着装不能过于暴露，否则就会被平台限流，或者视频被下架，账号进入"小黑屋"，甚至直接被封号也是有可能的。

4. 不要乱蹭热度

热度之所以能成为热度，就是由于人们的热议。一般能够引起热议的事情，不是特别正能量就是负能量。我们在蹭热度的时候，一定要把握时机和尺度，否则对自身的内容也会有影响。

当一件热点事件发生时，我们可能会对这件事情发表自己的看法。虽然我们都有发表个人言论的自由，但是抖音作为一个公众平台，有着广大的受众，你的观点别人可能接受不了，这样会导致两方面的结果：一方面会引起持不同意见的粉丝对你的反感，从而使你失去粉丝；另一方面，如果你的评论本身就存在问题，那就会受到平台的处罚。

所以，在蹭热点的时候，我们要谨慎一些，要从社会公德和正确价值观方面多考量自己的言行，做到谨言慎行。

5. 不要出现硬性广告

从原则上讲，抖音视频是不允许出现硬性广告的。在视频中出现商品时，标出具体的价格和非官方购买渠道就属于硬性广告。比如，视频中出现一个茶壶，还打出了"价格×元"和"加微信号有优惠"等文字，这很明显就是硬性广告。

不过，抖音官方有商品分享功能，只要满足实名认证、发布视频不少于

10条，就可以开通商品分享功能，把抖音店、淘宝店或京东店的商品链接到商品橱窗中（如图4-3所示）。如果出现其他的链接，就属于硬性广告，是会被处罚的。

图4-3　"老爸评测"的产品橱窗

6. 不要出现水印

在使用一些视频制作软件时，比如巧影、小影等，一般会出现自带的水印。如果我们直接把带有水印的视频发布出去，是很难获得关注的。为什么会这样呢？

因为抖音是不会免费为其他品牌做广告的，所以在视频中一旦出现其他品牌的标志或LOGO，抖音会对内容进行限流，因为水印等于免费为其他品牌进行了宣传。那如果有些水印无法避免，该怎么办呢？

很简单，我们可以通过背景墙、身上穿的衣服、桌子上放物品等，自然地展示标志，这种展示方式就不会违规。

7. 避免出现其他平台的字眼

各个平台之间为了争夺用户，多多少少都存在竞争关系。所以，其他视频平台的相关字眼最好不要出现在抖音视频上，因为这会被抖音官方认为，你的视频有从抖音平台导流或者是给其他平台做广告的嫌疑。尽量避免出现第三方平台的字眼，我们的视频才能在抖音平台上更好地被推送。

以上几个方面是我们在运营过程中需要注意的问题。除此之外，危险驾驶、虚假宣传、赌博与毒品等内容也是必须杜绝的。总之，打造正能量的内容是我们做好抖音始终要坚持的原则，只有正能量才能让我们的视频传播得更长远。

第5章
巧策划+妙拍摄，赢得爆发式点击率

　　我们经常讲"内容为王"，优质的内容是吸粉的关键，但如何生产、制造优质的内容呢？这就涉及拍摄技巧、封面、文案、音乐等。想要制作优质的内容，必须懂得如何策划、拍摄视频。本章我们将详细介绍视频的制作。

准备素材，视频制作的第一步

有句话叫"巧妇难为无米之炊"。别看短视频只有十几秒，但制作一个高质量的短视频所需要的素材之多可能超乎你的想象。如果想要长期运营一个抖音号，那么建立一个自己的素材库是非常有必要的。

为什么说素材库很重要呢？

很多影响力巨大或粉丝众多的大号，之所以能做出炫酷、有特色的短视频，不是因为运营者比你聪明，而是他们拥有比你丰富的素材。所以，当拥有足够多的优质素材时，你也能够制作出更好的视频。

在素材方面，我们可以进行一些拍摄，但这远远不够，比如一些音效、转场特效等还是需要搜集的。那么，具体应该怎样建立自己的素材库呢？

1. 从各大网站收集

我们平时可以多去各种网站下载或购买素材，比如易撰网就有很多不带水印的高质量素材，用户可以通过多种方式自定义搜索视频素材，在短时间内找到适合自己的视频素材。此外，图片素材、音效素材、音乐素材也可以从专业的网站上获得。

2. 从他人的视频中收藏

当我们看到一个非常精彩的视频时，其中的特效、画面、创意或音乐会非常吸引我们，并令我们产生震撼的感觉。遇到这样的视频，我们可以收藏起来，在自己的视频中运用好这些素材。

另外，平时我们也要多关注一些优质视频的账号，因为它们的视频本身就是很好的素材。很多优质的视频团队都有专门负责找音乐、找图片等素材的人员。我们也应该要求自己，用极致的标准去制作视频，这其中就包括寻找好的素材。

当然，我们收藏他人的视频并不是作为素材直接搬运，而是从中得到灵感。比如，发现了一首很魔性的曲子，而自己的视频正好需要这种背景音乐，就可以搜索类似的音乐。

3. 用手机拍摄专业素材

要制作一个专业的视频，用手机一次性拍完是不现实的，我们必须进行后期的剪辑。当下手机的像素已经足够满足拍摄视频的需要了。我们可以利用手机拍摄的便捷性，在生活中拍摄一些素材，并将其保存到网盘，以备不时之需。

素材要一边收集一边整理，当素材积累到一定量之后，管理也是很重要的。比如一场婚礼视频，要有化妆的画面、车队的画面、接新娘的画面、主持的画面、宴会的画面，还要有片头、片尾等。这些素材是比较烦琐的，平时收集的时候就归好类，用的时候才能提高效率。

掌握拍摄技巧，呈现独特与美的画面

有些抖音号会在抖音视频中加入各种各样的特效，以达到吸睛的效果。在这方面做得比较好的有"黑脸V"等。当然，不是每一个视频都需要以特效取胜，我们得根据题材判断。那么，在拍摄视频的过程中，我们要准备些什么或掌握哪些技巧呢？

1. 选择好拍摄器材

当下拍摄短视频使用最多的器材是手机，手机的像素虽然达不到专业相机的水准，但对发布抖音视频来说已经足够了。因此，用手机拍摄是我们的首要选择，像素自然是越高越好，甚至可以购买手机外置摄像头，以便提升画质。

如果想要更加专业，或追求更高的画质，那么单反、微单相机是更好的选择。通常一些专业的视频团队会选择专业相机作为拍摄工具。如果你有条件、有团队，自然也可以选择更加专业的器材来拍摄。

此外，在拍摄的过程中，我们还需要用到一些辅助工具，比如自拍杆、三脚架、稳定器以及灯具等。这些能够帮助我们更方便地完成拍摄。

需要说明的是，如果只是拍摄抖音短视频，手机完全够用，当然有条件用专业的器材也是可以的，一切根据自己的条件来就行，没必要纠结拍摄器材，多花心思把视频拍好才是最重要的。

2. 运用好拍摄技巧

拍摄技巧属于技术活，有了器材之后，还要会用。这里的"用"不仅是指对器材的使用，还包括掌握一系列的技法。在用手机拍摄的时候，首先要注意一些最基本的操作：画面要稳定，手机则不能晃动，对此我们可以使用三脚架来固定它；拍摄光线要明亮，尽量避开昏暗的光线；拍摄时注意画面的角度和背景的唯美，避开杂乱和无关的元素；等等。

掌握基本的拍摄技巧之后，我们还可以尝试一些更加炫酷的技能。

（1）跟拍技巧。

人物跟拍是一种很常见的拍摄手法，有正面跟拍、背面跟拍和侧面跟拍。正面跟拍是指拍摄者在被拍摄者的正前方，一边拍一边后退，后退速度与被拍摄者的前进速度保持一致，镜头要略低于人物中心位置；背面跟拍与正面跟拍位置相反，镜头也要略低于画面中心；侧面跟拍就是站在人物的侧面进行跟拍，镜头移动速度与人物行走速度一致，这里可以在镜头与人物之间增加一些元素，比如树木、电灯杆等，会使画面达到不一样的效果。

（2）定拍技巧。

人物定拍是指人物保持不动，靠镜头移动来实现一些效果，比如镜头向前推进、镜头向后拉远等，这种由远及近、由近及远的推拉感，可以展现人物和空间的关系，表达被拍摄者的情绪。

（3）环绕拍摄技巧。

我们经常会看到一些围绕人物旋转的镜头，这就是使用了环绕拍摄技巧，它是指人物的位置不变，镜头绕着人物进行拍摄。人物可以站在原地旋转，如果与镜头反方向运动，拍出来的效果会更加完美，能够360度地展示主角的形态。运用这种技巧能够让你的视频增色不少。

（4）运镜特效技巧。

在抖音上，我们时常能够看到一些动态的抖音短视频，这类视频也被称为运镜类视频。它包含很多种，比如当前热门的"分身术"短视频（如图

5-1所示）。这种特效视频拍起来比较考验技术，手机往往难以胜任，需要多人操作，后期还要进行加工才能达到完美的效果。

图5-1　"分身术"短视频

在拍摄动态短视频的时候，我们需要注意一些窍门：一是让特效成为亮点；二是音乐节奏与肢体动作要完美契合，背景音乐节奏感要强；三是视频要流畅。满足这几点，运镜类视频才算完美。

（5）慢镜头特效技巧。

在抖音中，有不少慢镜头视频，呈现出令人惊叹的视觉效果。其实，现在的手机都可以拍摄慢镜头，抖音也可以通过自带的"时间特效"拍摄慢镜头。这类视频在慢动作的展示下会显得特别细腻，比如拍摄恋人向你飞奔而来的慢镜头画面时，就可以很好地体现恋人见到你的欣喜之情。

想要拍摄慢镜头视频，操作方法比较简单：人物用正常的速度走过镜头前，并做出相应的动作→将进度条拖动到最美的动作出现稍微靠前的位置，加入"时间特效"中的慢动作，拍摄完成。

（6）分镜的技巧。

我们知道漫画是分格的，电影也是由一个个镜头组成的。这一小格或一个镜头就可以称为分镜。分镜的运用比较专业，普通的短视频拍摄者虽然不一定运用得到，但了解一些分镜的简单使用技巧，对提高拍摄审美能力等方面也有好处。

通常我们拍摄视频都是一镜到底，相比运用分镜，效果就会差一些。所以，为了让我们的视频更加专业，我们可以巧妙地运用各种手法，将多个镜头剪辑在一起，这样，画面会更加丰富立体，也更有视觉冲击力。

总之，在拍摄短视频的过程中，我们要多学习，多思考，多实践，平时也要多关注别人的拍摄方法，你会发现镜头的运用也不是很难。当你积累了大量的拍摄手法，并熟练运用的时候，你的视频就有了竞争力。

常用的视频软件推荐

剪辑是一项相对来说比较专业的技术，不过，你大可不必被吓倒。很多剪辑软件并没有你想象得那么难，入门比较快，只要稍加用心，人人都能学得会。下面，我们就介绍几款常用的视频剪辑软件，包括手机端和电脑端两个平台的。

1. 小影：入门级剪辑能手

小影是一款入门级的手机端视频编辑软件，集视频剪辑、教程玩法、拍摄于一体，具备逐帧剪辑、特效引擎、语音提取、智能语音等功能。尤其是可以即拍即停，轻量化输出文件，在功能上足以满足抖音的各种视频剪辑。

2. 巧影：横屏剪辑 App

巧影也是一款手机端视频剪辑软件，它最大的特点就是界面是横屏的，这对于习惯横屏剪辑的人来说非常实用。虽然界面是横屏的，但它依旧提供了16∶9、9∶16、1∶1三种短视频尺寸比例。我们可以通过巧影进行视频剪辑、视频图像处理和视频文本处理等。

3. 快剪辑：可在线剪辑视频

快剪辑是一款功能齐全、操作简捷，可以在线边看边剪的PC端视频剪辑软件，软件自带大量的声音特效、字幕特效等。它的特点就是"快"，可以提供一站式服务，制作完成导出快，还可以分享上传，是新手剪辑视频的好帮手。

4. Premiere：专业的剪辑神器

由Adobe公司开发的Premiere是一款相当专业的剪辑软件，使用难度自然也比较高，目前在影视行业应用得比较广泛。如果专业做短视频，或作品在多个平台发布，用专业的软件剪辑是非常有必要的。Premiere能够带给你专业的体验，能充分满足你制作高质量短视频的各种要求。

除此之外，瞄影工厂、爱剪辑、会声会影等也是相当不错的剪辑软件。你可以根据自己的喜好和掌握的技术选择自己用起来顺手的剪辑软件。

会剪辑，让视频精彩与创意兼具

拍摄完视频后，哪怕是简单的日常也需要经过后期加工，稍微专业一点儿的视频，后期的剪辑时间不比拍摄时间花费得少。也就是说，一个优质的短视频除了拍摄外，精心的后期剪辑是非常必要的。如果我们把拍摄当作收集素材，那剪辑则是把素材加工成成品的过程。

要想视频的点击率高，内容就要有趣有料，除了在拍摄上下功夫外，还可以通过剪辑来提升视频的创意和特效。下面，我们就介绍一些抖音自带的剪辑技巧。

1. 倒放视频的制作

在抖音视频中，我们经常会看到一些倒放视频，比如手往水里一伸，鱼就从水里一跃而起，最后把鱼抓在手中。其实，这样的短视频是把鱼往水里扔，然后倒放呈现的效果。想要制作这样的效果其实很简单。

打开抖音，点击"+"按钮录制视频；录完后，点击"特效"按钮，选择"时间特效"；进入"时间特效"后选择"时光倒流"，单击"保存"按钮，发布即可。

2. 图片合集视频

抖音不仅可以直接拍摄视频，还可以将一张张照片通过剪辑合成图片视频。比如将人生的成长、旅行的照片等合成一个视频，就很有纪念意义，操作起来也比较简单。

打开抖音，点击"＋"按钮，再点击右下角的"上传"，进入手机图片库，选择好自己想要的图片，最多可选12张，注意你点选图片的顺序就是视频播放的顺序。选择完毕后点"生成照片电影"按钮，进入视频编辑界面，点击"更换配乐"为照片视频选择合适的音乐。音乐设置好后，还可以进行播放模式选择，比如左右切换、上下切换等，或是进行滤镜、封面选择。选择完，发布视频即可。

3. 合拍视频制作

在抖音上，我们还会看到左右分屏的视频，一般是左边的视频模仿右边的视频，这就是所谓的合拍视频（如图5-2所示）那么如何制作这类视频呢？主要有以下两种方法。

图5-2　动作合拍视频

（1）打开抖音，单击"＋"按钮拍摄一段视频，按"下一步"进入发布界面，把"谁可以看"设置为"私密"。点击刚才发布的视频进入编辑界面，单击右边的"…"图标，选择"合拍"，此时原先拍的视频显示在右侧。点击"单击拍摄",进行第二次录制,录制完的视频显示在左侧,然后发布即可。

（2）在别人的视频中,点击右侧的"分享"按钮,在打开的界面中选择"合拍",拍摄一段视频,然后发布即可。

总的来说,剪辑很大程度上就是玩转特效,如果你能掌握抖音自带的各种特效技巧,那么制作出来的视频自然会与众不同。除了以上的制作技巧外,其实还有很多,比如明星来电视频、快闪视频等。另外,如果能熟练应用PC端剪辑软件,那么,你的视频就会变得越来越专业。

合适的配乐，更能令人感同身受

音乐是抖音的灵魂，内容、特效再精彩，如果没有音乐，效果也会大打折扣。不信，你可以打开抖音，把手机设置为静音，几乎所有的视频你都不会有兴趣观看。由此可见，声音、配乐对抖音视频的重要性。

对于音乐的选择，一般没有固定的标准，当然，我们也不能随意生搬硬套。许多视频在内容上差不多，但因为配乐的优劣，导致点赞量相差巨大。因此，我们非常有必要对视频的音乐进行一番深入研究。接下来，我们就来讲解一些视频配乐的方法。

1. 根据内容选择音乐

不同的内容需要不同类型的音乐。首先，我们要对自己制作的视频内容有所了解，明确要表达输出怎样的心情，然后选择相应的音乐来匹配。比如，励志类的内容，感同身受十分重要，通过娓娓道来地述说，配上悠扬的音乐，就能对情绪起到很好的渲染作用；搞笑类的视频内容，则适合配欢快的音乐；等等。音乐只有与内容相契合，才能达到完美的效果。

下面，我们以当下比较热门的抖音视频类型为例来说说音乐的选择。

（1）美食类。我们常说："唯有爱与美食不可辜负。"美食能够治愈心情，能够缓解压力，给人享受。因此，美食类短视频最好配一些欢快愉悦的纯音乐。比如美食节目《舌尖上的中国》，其片头曲一响，就能勾起人们无限的食欲。

（2）旅行类。越来越多的人喜欢旅行，一边玩，一边记录各地的景点，这类视频成了抖音热门的视频之一。众多都市一族向往美景，却没有时间出去游玩，抖音旅游视频满足了他们的心理需求。对一些险要壮阔的风景，可以配一些大气磅礴的音乐；一些小桥流水类的风景，则可以选择轻快悠扬的音乐作为背景。

（3）时尚类。抖音还有一些比较时尚的视频，比如街拍、舞蹈、妆容等。这类视频时刻透露着时尚气息，所以选择的音乐也应该与时尚相符，流行乐、摇滚乐就是非常好的选择，符合年轻人对时尚的追求。

2. 根据视频的节点选择音乐

我们的视频通常由多个镜头、多个场景组成，每一个镜头的切换点就是所谓的节点。通常来说，节点的切换可能也伴随着音乐的切换。那么，如何给这些节点配音乐呢？我们可以遵循这样的原则：一些长镜头配舒缓的音乐，快速切换的短镜头配节奏感强的音乐。这样整个视频就能达到抑扬顿挫的效果了。

3. 网红音乐如何选

抖音很容易捧火一些音乐，使之流行起来，对这些音乐我们是否也要跟风呢？毕竟当下火爆的音乐流量大，比如之前比较火的抖音歌曲《带你去旅行》《我们不一样》《无期》《炸山姑娘》等。其实，这些音乐，只要符合我们的内容，就可以将其应用到视频中，切不可盲目跟风。

4. 设法创造原生音乐

再火的音乐用的次数多了，也会乏味。很多运营抖音短视频的人发现，当火爆的背景音乐被大家用烂的时候，大家就会产生审美疲劳。这时该如何突破瓶颈呢？有一个好的办法就是自己创作音乐。

当然，自己创作音乐是有难度的，这取决于个人的运营实力。如果你正好是音乐系毕业的，那可以自己创作一些曲子；如果运营短视频是你的事业，那你完全可以请人创作；如果你只是爱好短视频，量力而行就好。

　　除此之外，想要在制作视频的过程中不为配乐而烦恼，平时就要注意收集音乐素材。我们可以从这几个方面入手：刷抖音时，遇到好的音乐就收藏起来；在音效素材网站搜索音乐，比如音效网，闪吧音效，网易云、酷狗、虾米音乐的抖音热歌榜；在抖音热门音乐排行榜上选择适合自己的音乐。做到内容与音乐相辅相成，浑然一体，你的视频才是优秀的。

走心的文案，为视频增光添彩

抖音玩的是短视频，文案真的有这么重要吗？有的人说，就十几秒的视频，没有文案一样可以拍出来。没错，是能拍出来，但是一个好的文案对视频的制作是有巨大意义的。一个完整的短视频需要进行前期策划，比如思路是怎样的、需要哪些元素等，都需要文案来敲定。有了文案的指导，制作视频的时候就能游刃有余。

文案虽然是通过文字表达内容的，但如果写得好，它甚至比视频更能俘获人心。比如白酒界的"江小白"，很多人可能没有喝过，却早已知其大名，甚至有不少人是因为看了它的文案而去购买、品尝的，可见好的文案同样能让粉丝狂热。

那么，如何写好短视频的文案呢？

首先，我们要了解短视频的内容，比如细节、音乐等，再根据了解到的信息进行筛选和整理加工，确定短视频内容的主题和切入点，然后把信息转化为文字，最终形成文案。这个过程说起来简单，做起来却是有难度的。

为什么会有难度呢？在这个过程中，我们要找到用户的共性，挖掘他们心中共同的话题或面临的共同痛点，然后表达我们的态度（文案），在情感上与用户达成一致，他们才会产生共鸣。有了共鸣，你的文案也就成功了。

下面我们就来介绍抖音短视频文案的分类及具体的操作方法。

1. 互动式

互动式文案其实就是提问题，根据自己短视频的内容提出相关的问题，以引起用户的兴趣或共鸣，从而做出回应。比如，我们经常会看到一些小姐姐拍摄自己手上的小小伤痕，这些伤痕大都是小时候不小心留下的。然后配以文案，比如："87年的我，有没有食指伤痕一样的同款。"文案配合着画面，首先把"80后"这一群体吸引住了，然后是细嫩的双手，再加上手上浅浅的伤痕，话题一下子就多了起来，于是就有了这样的互动："同样是80后，我的一双老手简直惨不忍睹。""同年的我，有着同款的伤痕。""小姐姐的手太好看了。"

2. 叙述式

通过叙述内容来编写文案，这是一种平铺直叙的叙述方式。这种方式会给人留下稳重的印象。不过，这种方式需要引人入胜的故事情节或者搞笑类段子，也就是说，对内容要求比较高；否则，用户很难听你讲下去。因此，文案一定要讲解得有趣，才能引起用户的情感共鸣。

3. 段子式

人人都喜欢听段子，因为段子本身就有趣。段子式文案同样需要有很强的画面感搭配，要把用户代入场景中。比如，有的男性喜欢钓鱼，但经常会遭到家里人的反对。有一位抖友就发了一条段子，他一边走一边对着镜头说："昨天有网友问我，媳妇和鱼竿同时入水，我会怎么做？这问题都要问？当然是先拿鱼竿了，媳妇掉水里能自己起来，鱼竿不拿，鱼跑了能回来？"最后的画面是抬头一看，吓得瘫坐在地。不用想，我们也知道是怎么回事了。这样的段子配上到位的表情，常常能引人一笑。

4. 悬念式

抖音上，很多视频的精彩之处往往都在后半段。比如关于喝酒的人骑车的交通录像，视频中的人一开始骑得还算平稳，骑着骑着突然之间就方向失控，掉沟里去了，引得一片笑声。这类视频，我们就可以通过文案来引导，比如"一定要看到最后，你一定会被笑倒"等。

5. 总结式

抖音有一类干货型的视频，即分享各种知识和窍门的。比如"5个免费资源网站，瞬间让你硬盘爆满""直播带货的4个技巧""5步学会做蛋糕"等，这样的文案也非常吸引用户。所以，如果你的内容是实用干货，那么，这样的文案就很适合你。

6. 共谋式

共谋式文案，主要以励志、正能量为主，来引起用户的失情。比如，一个身体偏胖的人看到"从120斤瘦回到100斤，你也可以"这样的视频时，就会坚信自己也能够做到，从而一直关注你。这就是通过自身的实践让用户产生激情，从而起到激励的作用。

文案的写作方式有很多种，以上这些只能作为参考。什么样的文案才适合你的视频，一切还得根据用户的需求来定。能够戳到用户的痛点，引起用户共鸣的文案就是好文案。此外，为了创作出更好的文案，平时你也可以多收集一些广告和精彩的句子，这样等到用时就能产生灵感。

好的视频封面，是赢得点击率的保障

当我们在抖音搜索视频的时候，第一眼看到的就是视频的封面。一个吸引人的封面肯定会让用户产生想点开的冲动，从而获得更多的点击率。很多人在发布抖音视频时都忽略了封面的设置，这是一种失误。如果你现在还没有重视封面的意识，那就赶紧行动起来吧！

封面如此重要，该如何设置呢？一般来说，那些高点击率的封面都有以下几个特点。

1. 封面与内容相关

封面必须包含用户和粉丝感兴趣的内容，才能够引起他们的好奇心。抖音的封面只能在整个视频中选择，哪一个画面最符合主题内容，就把它截取出来作为封面。比如旅游类的视频，我们可以把标志性景点的画面设置为封面，给人最直观的印象。

2. 画面精彩

一些色彩艳丽、颜色对比强烈的画面也是很好的封面选择。颜色对比强烈能够制造艺术感，让用户在众多封面中一眼就看中你的视频。在一个短视频中，哪一帧画面最美、最精彩，我们就选择哪一个画面作为封面。比如精彩的运动画面、萌宠等，这些都有很好的吸睛作用。

3. 设置动、静态封面

一般抖音的视频封面都是动态的，因为动态画面更有吸引力。其实，抖音视频封面还可以设置成静态的，比如一些文化艺术类的视频就比较适合用静态封面。静态封面操作起来比较简单，打开抖音，找到"设置"按钮，单击进入后，选择"通用设置"，找到"动态封面"按键，点击"开启"就是动态封面，点击"关闭"就是静态封面。

4. 给封面加文字

有些抖音短视频的封面还有文字，效果会比单纯的画面要好一些。所以，当你觉得封面还缺点什么的时候，不妨加点文字进去。那应该怎么做呢？这就要用到第三方软件了。这里推荐使用前面介绍过的小影App，它可以很便捷地为视频封面加上文字。

总之，封面尽量保持清晰明亮，在版式和布局上做到层次分明，让观众一看就懂，才能更好地提高封面的点击率。

第6章
做好推广，是精品就要
"抖" 出去

　　视频发布出去，并没有结束。想
要让视频火起来，我们还需要进行相
应的推广。毕竟在抖音短视频的红海
中，用户不一定能遇见你，只有推广
才有可能被更多的人熟知。那么，有
哪些推广的良策呢？本章内容就来告
诉你一些策略以及如何借助其他平台
让视频点击率一飞冲天。

为什么要进行短视频内容推广

在自媒体领域，推广是一项非常重要的内容。因为任何一个领域都存在着激烈的竞争，你不推广，别人的排名就会跑到你前面去。抖音短视频也同样如此，进行推广至少能够获得以下四个方面的益处。

1. 增强自身影响力

每一个抖音大V号都是从小号开始的，只有不断地发布优质作品并进行推广，才能不断地积累粉丝，提升知名度。

在精良的视频制作完成后，进行推广才能增强账号的影响力。如果你做得足够专业，逐渐就会有更多的人关注你，甚至有商家找你签约，为你提供专业的团队，从而使你的影响力得到提升。

2. 提升粉丝转化率

抖音短视频运营的最终目的就是获得足够多的粉丝，然后进行变现。所以，粉丝越多，变现的可能就越大。那么，如何才能增加粉丝呢？推广就成了一个很好的渠道。短视频具有很强的娱乐性，推广之后，认可和喜欢的用户自然会关注和转发，从而形成良性循环。

3. 赢得合作的机会

抖音短视频比单纯的文字和图片更加吸引用户，它的视觉冲击力更强，能给人留下深刻的印象，是一个非常好的广告平台。在推广的过程中，不仅可以获得粉丝，更重要的是，一旦被商家看中，就有了合作的机会。

4. 实现变现

变现是任何一个抖音号都渴望实现的，当然这也不是轻易就能实现的。在发达的移动互联网时代，一个抖音短视频可能迅速火遍全网，也可能无人问津。不管我们的短视频会走向哪种结局，推广都是一项必须要做的工作。

如果推广能够让短视频内容得到大量的转发，且持续发布优质内容，那么就会获得各大平台的橄榄枝，并赢得合作的机会，变现也就是早晚的事了。

我们需要明白运营短视频的最终目的是变现，而不是单纯地玩。所以，我们必须关注抖音短视频的播放量和点赞量等数据，并设法让它获得更多的曝光量，而不能发布完就了事了。不进行推广等于之前一系列的策划、拍摄、制作都白费了，做好推广才是正确运营抖音短视频的任务之一。

抖音网红的产品推广方法

说到推广产品，我们就不得不提到网红，比如薇娅、李佳琦等。因为他们的粉丝众多，无论推广什么产品，往往都能取得不错的成绩。作为普通人，自然没有网红那样的粉丝基础，要推广自己的短视频，是否也可以借鉴一些他们的成功经验呢？

下面，我们来了解一下抖音网红是怎样推广产品的。

在形式上，抖音网红与微信公众号、微博博主的合作方式类似，不同的是，一个是通过视频推广，一个是通过图文推广。如果想要通过网红来推广一款产品，只需要先将产品信息植入网红的短视频中，然后再发布即可。这就跟在电影、电视剧中进行广告推广一样，在某个镜头出现产品或产品商标等。此外，有一些产品，比如游戏、美食，可以先录制好，然后通过网红账号发布出去。

具体来说，抖音网红推广有以下几个步骤。

1. 进行相关咨询

一个产品想要找网红进行推广，首先要进行相关咨询，不同的产品找不同的网红，比如，育儿类的产品就找育儿领域的网红，美食类的产品就找美食播主，等等。先进行这样的咨询，网红才知道要推广的产品适不适合自己，适合的才更容易得到转化。

2. 进行业务洽谈

网红能提供哪些方面的推广业务，商家想做怎样的产品推广，这些都需要先进行业务洽谈。如果双方需求相符，就可以进行下一步的合作，比如报价等。

3. 评估产品

产品是不是货真价实，卖点、热点、性能、目标客户群和订购流程是怎样的，这些都需要提前进行了解和评估，才能做好下一步的推广方案。

4. 策划推广方案

对产品有了详细的了解之后，接下来就要进行产品推广方案的策划了。这一步最重要的就是创意。如果创意不好，很难吸引粉丝的眼球。有创意的视频加上网红粉丝数量庞大这个基础，获得的效果是成倍增长的。网红团队如果有十足的创意，那就不愁没有商家合作了。

5. 制作视频

有了商家认可的方案之后，就要开始制作视频了，这包括拍摄、剪辑、验收几个步骤。拍摄要按时完成，有的网红时间安排紧密，及时完成拍摄才能给剪辑赢取时间。然后是商家的验收，如果有不满意的地方还需要修改，当然次数是有限的，一般只提供两次机会。

6. 发布推广

短视频制作完成后，商家完全满意，就可以发布了。网红团队再进行后续的优化服务，比如点赞、评论等管理。

完成这六步之后，就可以做结案报告了。网红团队可以把相关的播放量数据截图发给商家，以示完成推广任务。

那么，网红的推广效果是否真的无敌呢？这是很多商家最关心的问题。因为抖音网红是按照发布短视频的条数来收费的，具体收多少费用，则是由网红自己的影响力和粉丝数量决定的。粉丝越多，费用就越高。如果效果不好，那推广产生的费用就打水漂儿了。

一般来说，抖音网红的推广更多的是让品牌的曝光量增加，而不仅限于让某一款产品的销量火爆，但是一个品牌想要建立起来是需要时间的，即便是借助网红进行推广，起效可能也是缓慢的，无法做到立即提高转化。所以，对那些想借助网红打造品牌的商家而言，网红的推广效果或许难以达到他们的预期。

总的来说，网红推广虽然整体效果不错，但花费也不少，并不适合所有的产品。如果企业处于初始阶段，大可自己运营一个抖音号，精心运营下去，同样能够获得不错的效果。

做推广，要大号、小号齐上阵

做推广，单打独斗的力量是有限的，想要获得更好的效果，就必须联合。大号、小号齐上阵就是一个不错的选择。对于玩抖音的人来说，手里的账号可能是颇有名气的大V号，也可能是初出茅庐的小号。其实，大号、小号联合起来推广，效果更佳。

1. 小号借大号之力

如果想让一个小号迅速成长起来，借用大号的力量是最直接的办法。首先，我们要制订好小号的发展方案，然后在大号上进行推广，这样可以快速增加小号的曝光量，把更多的时间放到内容的制作上。

在借用大号力量的过程中，我们可以这样来操作：

（1）在大号发布视频时，通过标题或描述来展示小号。

（2）大号与小号的内容要有差别，不能太相似，否则会把大号的粉丝带走。比如大号是运营PS教程的，那么小号就可以是运营LR教程的。

（3）大号发布短视频后，可以用小号进行专业的评论。

2. 与别人的大号联合

如果自己没有大号，可以考虑与别人的大号联合。不过，想要联合他人的大号，我们也需要付出一定的代价，比如付费。当然，在合作之前，你也要考虑与大号合作是否真的能够带来好处。总之，就是在付出与回报之间做出选择，以下建议可以作为参考。

（1）充分了解打算合作的大号，准备与之对应或互补的价值，才能提升合作成功的概率。

（2）加入一些短视频合作社群，寻找合作。比如在QQ或知识星球上搜索短视频合作。

（3）与某些大号联合推出视频，并在片尾加上"甲和乙联合制作"。

3. 小号助力大号

一个账号运营到一定程度之后，就会遇到瓶颈，粉丝数达到饱和状态，想要进一步获得突破往往比较困难。这时候，我们就可以开通几个相关联的小号，既可保证大号的粉丝不减，又可带动小号的壮大，就如上面说的大号运营PS教程，那么小号可以运营LR教程，这两个软件都是摄影爱好者比较常用的软件。

所以，我们可以在维持一个大号正常运营的前提下，多打造几个小号，一旦这些与抖音大号关联的小号成长起来，不仅可以实现大号、小号之间的矩阵推广，还可以把它们逐渐做成大号，可谓一举两得。

在运营抖音的过程中，无论是大号，还是小号，在推广的时候，都可以彼此互推，将各自的优势发挥出来，取长补短。切不可轻视任何一个账号，用心经营才是我们该有的态度。

学会蹭热点，提升自身影响力

生活中，时不时会出现热点事件，并在某一个阶段成功刷屏。在运营抖音短视频的过程中，如果能够蹭上热点，对于推广自己的账号无疑会起到巨大的作用。

那如何才能蹭上热点呢？首先，我们要具备敏锐的眼光，要能够及时发现热点，并判断出哪些热点可以蹭，哪些热点不可以蹭。一般来说，负面的、过时的、政治方面的热点不要触碰，否则，不仅起不到推广的作用，还可能因产生负面影响而被封号。

下面我们就来讲一讲蹭热点的技巧。

1. 蹭热点的方式

蹭热点一定要有正确的姿势。首先要善于找热点的来源，这样才能比别人快一步。下面介绍三个方法。

（1）关注优质微信公众号。可能你会觉得微信公众号已经过时了，其实优质的微信公众号还是大量存在的。虽然微信公众号做出爆款的难度比抖音等短视频难度大，但如果能把爆款文章作为短视频的素材，一定会增加火爆的概率。

（2）关注微博热点。微博的口号是"随时随地发现新鲜事"，微博里聚集了各路明星、大V，他们对某些话题、事件的评论，往往能吸引大量"吃瓜群众"的关注，并迅速成为热点。很多热点事件都是从微博里首发的，关注微博热点，你绝对不会错过精彩。

（3）关注各类资讯聚合平台。这类平台不生产内容，由作者发布，系统再根据标签把内容推送给用户。其中"推荐"和"热点"都是值得我们关注的。

2. 蹭热点的关键

掌握热点的来源固然重要，行动也同样重要。想要追上热点这趟快车，我们还要掌握以下三个核心关键点。

（1）速度快。热点讲究时效性，谁抢在了前头，谁就占有先发优势。尽管有些热点事件的时效性长一些，比如国产动画片《哪吒》的热映，就风靡了一阵子，但大多数热点事件的时效性非常短，所以，速度是蹭热点的一大关键。

（2）互动性。热点话题的互动性非常强，这满足了人们希望通过参与话题讨论来表达自己意愿的心理。所以，在蹭热点的过程中，我们要增强互动性，引发大量的话题讨论，如此才能让视频火爆起来。要想增强互动性，一来可以增加平台的话题，二来可以用视频内容或标题引发互动。

（3）创意性。蹭热点还要有创意，完全照搬会导致内容同质化严重。一般用户在看到一个热点视频后，就不会再去关注另一个同样的视频。只有你的视频有创意，用户才会关注你。

3. 蹭热点的准则

虽然蹭热点是营销常用的方法，但我们不能为了蹭热点而蹭热点，必须坚持两个准则：第一，热点必须与自己有关联度。我们运营抖音号的内容必须能够与热点建立相关联系，如果生拉硬扯，用户不仅不买账，还可能会产生反感。第二，必须坚持正能量。不是所有的热点都是好热点，正能量是我们选择热点的前提条件。

只有掌握了以上三个蹭热点的技巧，在热点到来时，你才能及时抓住，蹭得快，蹭得准。热点应用得好，等于免费为自己的账号做了推广，能够迅速提升你的影响力。这种小投入大产出的方法，一定要好好利用。

微博、微信也是推广阵地

抖音是一个巨大的流量池，爆红的前提是你必须有足够大的名气。这往往是我们的痛点。想要提升自己的名气，就要做足推广。微博、微信是拥有巨大流量的社交平台，如果能够将其利用起来进行推广，那取得的效果要比单一平台好很多。

1. 微博推广

微博作为成熟的社交平台，积累了大量用户，并且微博上活跃着一群制造热门话题的人。利用微博话题推广是一个不错的方法。比如超级话题，我们可以根据自己的内容搜索相关领域，看看该领域有没有相关的超级话题；如果没有，就可以借机开通，这比在其他话题下发布内容要有效得多。

有了超级话题，就要积极行动。一是在超级话题中发帖，并同步到自己的微博中，然后查看阅读量。二是顶帖。通常话题的置顶位置都是按照时间顺序排列的，新的在上，旧的在下，所以我们要及时更新帖子。三是设置粉丝自动回复功能。当我们的帖子被顶到了前面，就会有粉丝私信，设置好自动回复，把抖音二维码设置在自动回复中，粉丝就可以自己扫码关注了。

除此之外，我们还可以通过以下几个方面进行推广。

（1）与粉丝互动。微博主要是图文呈现，相较于短视频，与粉丝互动更加便捷。互动的方式有：及时回复粉丝留言，不定期发送福利，等等。

（2）发布自己的状态。随时在微博上发布一些自己生活中的片段，比如短视频拍摄的花絮、心情等。粉丝通过这些能够更加了解你，增进对你的感情。

（3）与微博大V合作。如果能够找到微博大V合作，通过大V的人气来提升自己的人气是非常有用的，这一点我们应该大胆尝试。

2. 微信推广

微信已经成为人们社交不可缺少的工具，无论是日常交流，还是工作，都已经离不开微信。利用好微信这个巨大的流量平台来推广抖音短视频，必然能达到事半功倍的效果。我们可以从三个方面来操作。

（1）朋友圈。根据官方数据显示，微信的流量80%来自朋友圈，人们刷朋友圈就和刷抖音一样频繁。所以，我们可以把自己的抖音短视频发布到朋友圈。我们可以直接在抖音页面点击"分享到—朋友圈"（如图6-1所示）。不过，在朋友圈转发抖音短视频不要过于频繁，否则容易被好友屏蔽。

图6-1 抖音分享界面

（2）微信群。微信群也是抖音推广的一大阵地，不过与朋友圈相比，微信群的推广难度要低一些，但效果也会差一些。大多数微信群都是杜绝广告的，一旦频繁发布无关内容，很可能会被群主踢出群，但好在抖音短视频与硬广告比起来要好一些，且抖音短视频也不是单纯的广告。比如一个以讲解拍照技能为主的抖音号，将视频发布到摄影爱好微信群（如图6-2所示），一般是不会引起反感的，如果内容精彩，甚至会得到更多人的关注。

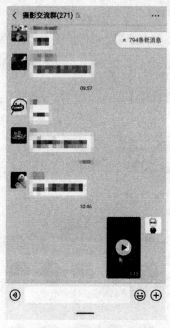

图6-2　微信群分享

（3）微信公众号。对专业运营抖音短视频的团队来说，非常有必要建立自己的微信公众号，因为在你成为抖音大V之后，在各个平台留下自己的身影，多点布局，才能够保持人气，提升知名度。拥有一个相匹配的优质微信公众号，对提升抖音号的格调也是非常有帮助的。

微博和微信作为还在持续火热的社交App，绝对不能轻易错过。虽然我们做的是抖音短视频，但眼光不能局限于一个平台，只要是有利于抖音推广的，都值得我们充分整合和利用。

上精选有技巧，高推荐量是目标

在运营短视频的过程中，如果能够得到平台的推荐，那播放量就不是问题了。但是想要获得推荐可不是一件容易的事，你的视频必须达到平台的要求。那么，如何才能让平台认可你的视频，或者说获得高推荐量呢？

首先，我们来了解一下短视频获得高推荐量的六个关键词。

1. 活跃度

一个抖音号的活跃度与其生产内容的数量、发布的频率有关。只有经常活跃的账号才会被认定为有持续创作的能力。虽然现在抖音对视频发布的数量和频率并没有明确的规定，但保持一定的更新频率，是获得高推荐量的前提之一。

2. 原创性

当下，各个平台都扶持原创、保护原创，所以原创性的内容更有可能得到平台的推荐。所谓原创，是指自己进行内容创作，有自己的风格，而不是盲目跟风。原创能够保持自己的特色和内容的新鲜度，提高账号的辨识度。

3. 互动和喜爱度

抖音平台除了审核内容，还会关注账号与用户之间的互动和喜爱程度。如果一个账号有众多用户喜爱或评论，那它成长起来就会很快，平台也会给予更多的推荐。我们需要做的就是及时回复粉丝的问题，对于一些负面的评论及时沟通，消除误会。

4. 垂直度

所谓垂直度，是指在擅长的领域发布内容的专注程度。在内容的细分之下，有些内容难免会有交叉，比如，一些旅游美食类的视频，就很难定位在旅游还是美食。垂直度不高的视频，会令平台难以对你的内容进行定位。

所以，在抖音短视频的运营中，我们一定要根据自己的定位创作内容，不要频繁变换角度。不过，抖音借鉴的是头条的推荐机制，随着算法的不断优化，作者自选的分类可能很难在推荐过程中发挥作用，而是平台通过你的短视频内容自行进行分类和推荐。

5. 健康度

健康度是指对账号在涉及违规操作，如抄袭内容、传播有害信息等方面的评估。一旦存在这些问题，则说明账号的健康度是不良的，想获得推荐自然是无望了。这里需要提醒一点的是，最好不要做"标题党"，如果标题和内容相差甚远，就会容易引起用户反感，甚至被举报。

6. 转化率

抖音短视频想要获得推荐，浏览量只是一方面，能否有更多的点赞和评论，即转化率是关键的一环。用户变成粉丝才是有效的。如果浏览量和点赞量、评论数的比例太过悬殊，平台也会认为你的视频内容并不是真正的优质。

那么，如何提高评论占比呢？可以从以下两点着手进行。

一是提高内容的信息密度。信息密度高的内容更能够激发用户的评论。那么如何判断视频内容密度的高低呢？很简单的一个方法就是用文字来描述视频中所能看到的内容。如果描述的内容比较单调，说明密度低；如果描述的内容非常丰富，则说明内容密度比较高。

比如，一个健身的视频，如果只是在健身房，可能就显得很平常，因为这样的视频太多了，但如果是在一个工地，身穿迷彩服，赤膊健身，信息量就会更大，被点赞和评论的概率也会提高。

二是描述性地引导评论。对于信息密度较大的视频，我们可以直接对视频中具有争议的观点进行设问，或者提问对方对内容的存疑，这样就互动起来了。另外，如果你的视频信息量不大，则可以采用相悖的方式来引导评论，比如这样描述："做过这五件事，说明你老了。"

总之，做好以上六个方面，你的视频被推荐的可能性就会大大增加。有推荐就有了流量，被平台精选的内容也必然会得到更广泛的传播。不过，这一切都需要你的内容足够好，所以，一心做好内容是我们始终要坚持的。

第7章
进行营销策划，多方位
打造品牌效应

推广抖音短视频的方法和技巧有
很多，哪一种方案才最适合自己，需
要精心策划。在抖音营销中，各种营
销方法层出不穷，难免会令人云里雾
里。本章就带你了解如何进行抖音短
视频的营销策划，从而快速打造自己
的品牌。

植入营销，让品牌深入人心

抖音短视频通常是以秒来计算的，如何快速抓住用户的注意力，并让他们注意到你宣传的信息，这就需要巧妙地植入。随着越来越多的品牌商或广告主通过抖音短视频来宣传自己的产品，植入营销成了一种比较热门的营销方式。

通常来讲，在抖音进行植入营销，可以有很多渠道。品牌等级不同、账号不同，植入营销的方法也会不同。首先，我们来了解一下知名品牌在抖音上进行植入营销的渠道。

1. 开屏广告

开屏广告是指在打开抖音时，进入视频界面前出现的广告，这是进行广告宣传最直接的渠道。如果能在抖音这个用户过亿的短视频App上争取到开屏广告，那效果无疑是相当好的。

全屏投放的广告视觉冲击力强，能够让用户印象深刻（如图7-1所示）。

当下，投放抖音开屏广告的大多是一些实力雄厚的知名企业，比如电商平台、汽车厂家等。其展示的可以是3秒的静态广告、4秒的动态广告或5秒的视频广告，用户点击广告页面就可以跳转链接，进入产品页面。每个开屏广告每天向每个用户最多展现4次。

图7-1　开屏广告

2. 原生信息流广告

原生信息流广告（如图7-2所示）是品牌进行营销的首要选择，相比开屏广告，它的互动性更强，用户可以进行点赞和评论。这些广告在抖音"推荐"栏目的信息流中进行展示，用户可以点击跳转到广告主设置的落地页，从而为账号和品牌吸粉。

信息流广告进入视频界面后，在"推荐"栏目中往上滑动四次即可看到。时长为5～30秒，和平常的短视频一样。通常来说，这样的广告有时间和次数的限制：每个用户每天最多看一条广告，每条广告只对用户展现一次，同时不支持各种格式的同一素材进行重复投放。

图7-2 原生信息流广告

原生信息流广告的交互性比较强，用户不仅可以进行点赞，还可以进行评论和转发，有利于形成热点话题，引发站内讨论，让更多的人知晓品牌。

开屏广告和原生信息流广告受众广，但成本也高，主要适用于大企业。对于一些新账号、小品牌来说，可能没有这样的实力，如果想要在抖音上植入广告就需要一些技巧了。

在把短视频内容与广告结合起来的过程中，会出现硬性植入和创意植入两种形式。对于我们来说，硬性植入效果差，创意植入才是最好的选择。

所谓创意植入，就是将短视频的内容、情节和广告融合在一起，且毫无违和感和植入痕迹。想要进行更有创意的植入营销，以下方法值得我们学习和借鉴。

（1）场景植入。在短视频中通过广告牌、贴纸、标志性建筑布置场景，吸引用户的注意力。

（2）台词植入。视频主播通过台词传递品牌的信息，让用户记住。

（3）道具植入。在短视频中，可以出现一些印有LOGO的道具，比如杯子、抱枕、台历等，让用户记住品牌。

（4）音效植入。通过具有代表性的声音来展现品牌，比如，不同的手机厂商都有属于自己的手机音效，让人听到音效就能想起产品。

总之，要想让自己的广告在植入时"软"起来，就要求我们的短视频不断地有创新。抖音用户看的是内容，如果充斥着明显的广告，就会引起用户的反感，最终失去粉丝和关注，品牌营销也就成了空话。

营销中的"电梯时间法则"

抖音短视频是拍15秒还是60秒，哪一种更能获得高点击率？有数据统计，短视频的长度与用户观看的完播率存在很大的关系：15秒以内的视频要比15秒以上的视频的完播率高96.3%，转发率和评论率分别提升3倍多和5倍多。

从以上数据中可以得出，15秒的视频似乎更加受用户喜爱。这也不难理解，在快节奏的生活中，15秒对人们来说已经够长了，如果视频内容不够有趣，直接跳过是很常见的。

通常来说，抖音短视频前5秒的内容是最关键的，正如杰尔思行广告（Cheil China）前中国区执行创意总监龙杰琦说的那样："如果前5秒不能吸引我的话，我可能就会划过去；如果吸引我注意的话，我就会点开看。"

为什么抖音短视频的时长要以秒来计算，这里我们引用"电梯时间法则"来分析。

1. "电梯时间法则"的由来

"电梯时间法则"源于麦肯锡公司的一次沉痛教训。该公司曾为一家大客户做咨询。咨询结束，项目负责人在电梯间里遇见了对方的董事长，董事长要求他阐述一下结果。由于项目负责人准备得不够充分，最终失去了这位客户。其实即使准备了，想要在乘坐电梯的短暂时间内汇报清楚也是非常困难的。

通过这件事情，麦肯锡要求员工凡事要直奔主题，且归纳在三条以内，以此提高效率。这就是"电梯时间法则"。对于抖音短视频来说，前5秒的时间就是营销的"电梯时间"，把握不住就会失去粉丝。

2. 电梯时间法则的运用

5秒的时间确实很难传达过多的内容，但它足以让用户对品牌产生认知和记忆。对我们而言，不是纠结5秒的时间够不够，而是如何在更短的时间内发挥创意，从而打造一个吸引用户的视频。

什么样的方案才能在5秒钟就出现亮点呢？你可以设置悬念，引起用户的好奇心，比如"看完这条视频你会……"；也可以设置非常炫酷的开场特效；等等。只有足够吸睛，用户的注意力才会更集中。

需要注意的是，在运用"电梯时间法则"的时候，切记不要大而全，而应该小而精，在有限的时间内把信息传递精准。比如，某品牌空调"一晚一度电"的广告语，就把省电的优势传递出来了，令人将信将疑，又记忆深刻，抖音短视频也应该如此。

3. 创意是营销的灵魂

15秒的短视频具有很好的完播率，这是它的优势所在。但时间越短越需要创意，每一秒都要精彩，这需要我们拥有巨大的脑洞。

随着抖音的火爆，众多大品牌纷纷入驻，比如各大手机厂商、汽车厂商以及购物App等。这些品牌在运用"电梯时间法则"时也是创意十足。就拿小米手机来说，其玩转营销是非常有手段的，讲故事就是很好的一个方式，这些故事大部分来自电商平台对产品的评论。

因此，当你推广产品没有创意的时候，不妨翻翻客户的评论，从中找些灵感，试着用故事体现产品的独特之处也是不错的选择。

打造极致场景，让用户身临其境

在录制抖音短视频时有各种各样的场景，准确的场景定位能够让用户有身临其境的感觉。将产品放入合适的场景中，可以加深产品在用户脑海中的印象。因此，在录制抖音短视频时应注重场景，并进行场景营销，这样才能够更好地打动用户。

相关的统计数据显示，在抖音短视频中，用生活化场景展示产品内容比纯粹的促销广告的点击率要高1倍多；视频中出现人物比没有人物的点击率要高71.45％。这足以说明，在碎片化时间中，人们很难忍受纯粹的广告，哪怕只是几秒钟，如果不能将产品或者品牌信息巧妙地展示，就无法获得用户的好感。

因此，抖音短视频的广告植入一定要考虑品牌与内容的巧妙结合，要与用户的生活场景深度互动起来。比如，想要宣传一个汽车品牌，如果简单粗暴地进行硬广告宣传，对汽车没有需求或不感兴趣的用户可能不会关注，但如果能巧妙地借用场景，效果就大不一样了。

比如在图7-3中，三只恐龙装扮的促销人员在滑稽地进行表演，配合着音乐，非常有喜感，引来了不少人的围观，而其场景就是在一个汽车销售店内，各种汽车广告非常显目，但由于三只恐龙的滑稽表演，用户的注意力并不会过于在意汽车广告，这样就达到了娱乐和宣传的双重效果。

图7-3　汽车销售场景

　　巧妙地应用场景，是将广告"软"化的有效方法。在特定的场景里，通过真人出镜、真实情感来传达产品的信息，让用户在不知不觉中接受产品信息，这就是场景营销的魅力所在。我们在短视频中植入广告也可以借鉴这种方法。

　　总的来说，在短视频中进行场景植入，做起来简单，但想要做好则需要花费一定的精力。一是要做好精确的定位，保持视频与产品的契合度，也就是说，场景的选择一定要与产品相匹配，不能让用户产生违和感；二是视频的内容一定要有话题度，能够引起用户的热议，这样才能获得更高的点击率。

跨界的矩阵协作

移动互联网发达的时代，对于品牌而言，可以说是一个好时代，同时也是一个充满挑战的时代。任何品牌都有可能借助互联网一夜爆红，但同时由于信息越来越透明，用户不再那么容易被取悦，所以品牌既面临机会，又面临危机。

怎样才能转危机为机会？这就需要改变思维，从营销入手。当下单一的营销模式效果越来越有限，进行跨界营销合作才能获得更多的流量。那么，什么是跨界营销呢？

简单来说，就是指两个不同的品牌将各自的品牌元素进行整合、创新的一种营销方式。跨界营销可以实现粉丝的互补，使品牌营销达到1+1＞2的效果。跨界营销已经成为时代发展的趋势，各行各业的营销人士对跨界营销变得越来越热衷。越来越多的知名品牌，开始借助跨界营销，寻求强强联合的品牌协同效应。

跨界成功的案例很多，比如优衣库联合KAWS:SUMMER推出的系列UT，就是以美国嘻哈艺术家KAWS创作的经典作品作为模板。联名T恤在网上瞬间被售空；在线下实体店，消费者为了能够买到联名款，彻夜排队，甚至引发哄抢。

又如，可口可乐与漫威联合推出的漫威定制版零度可乐。瓶身以红色为主，加上漫威人物的画像，时尚又炫酷。同时，可口可乐还拍摄了广告来宣传零度可乐。在广告中，一位少女因为迟到没有赶上车，然后喝了一瓶零度可乐之后，就像开挂了一样，最终到达了目的地。

以上案例都是两个完全不同的品牌，通过创意将各自的产品结合在一起，使双方的粉丝都接受这样的产品，从而扩大了受众范围。其实，在运营抖音的过程中，我们的短视频一样可以玩转跨界。比如光大银行与抖音联名推出的信用卡（如图7-4所示）。

图7-4　光大抖音信用卡

在消费时代，许多年轻人把信用卡当成了钱袋子，他们在消费上偏重娱乐享受，喜欢尝试炫酷、潮流的东西。抖音正好聚集了这样一群年轻人，光大银行敏锐地洞察到了这一点，于是联合抖音搞了一个以"刷出美好生活"

为主题的联名信用卡，给有需要的用户提供了一个消费的窗口。

另外，还有些餐饮商家为了招揽客户，通过抖音来制造话题。比如，在门口设置一个10秒钟的计时机器，前来就餐的客户只要准确按到10秒钟，就可以享受打折优惠或者免单（如图7-5所示）。

图7-5 "挑战10秒"免单

这种好玩又优惠的活动，通过抖音的传播，很容易吸引到大量用户前来挑战，从而增加就餐的人数。这其实也是一种跨界营销活动。当自己的产品想要获得突破性的推广时，运营者不妨采用这种方法，从自身的领域跨界到其他领域，用创意的玩法来吸引用户。

　　因此，在运营抖音短视频时，我们的目光不要仅仅局限于自身领域，而要通过创意与非竞争性的品牌建立联系，扩大受众基础，这样我们的品牌才会被更多的人熟知，从而达到推广的目的。

联合推出视频，在互动中做大

我们知道，当一个账号达到一定的粉丝数之后，就会遇到增长瓶颈，这时如果与粉丝数同一等级的账号进行合作，营销效果就会更进一步。因此，账号间的强强联合，是一个很好的营销策略。

在前面的章节中，我们已经详细讲过合拍视频的技巧，方法很简单，就是在名人的视频中，点击右下角的"…"按钮，然后找到"合拍"即可。

这样的合拍是不用经过对方同意的，只要你拍的合拍视频没有恶意，一般都不会有问题。这种方式还并不算联合推出视频，顶多是蹭热点而已。

真正的联合推出视频，是指同台竞技，一起在视频中互动，这样的视频取得的营销效果要好于单纯的分屏合拍。

在抖音短视频音乐类板块，郭聪明和高火火就是联合推出视频的很好的案例。他们同为90后的帅小伙，不仅有颜值，而且唱歌好听，都擅长加速版的歌曲。

两个人的账号都拥有着众多粉丝（如图7-6、图7-7所示）。

图7-6　"郭聪明"抖音主页

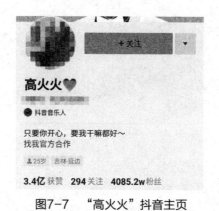

图7-7　"高火火"抖音主页

　　如此火爆的两个账号，经常在一起录制视频。视频中，郭聪明经常做鬼脸、搞怪，高火火则在一边配合，这种互动的方式制造了很多喜闻乐见的话题，不仅双方的粉丝产生了互动，还吸引了一大批新粉，使双方的人气都得到了提升。

　　比如，两个人曾同台一起较量到底谁唱歌唱得更好，并说谁输了谁把豆腐乳吃了。两个人都有一副好嗓子，其实谁输谁赢并不重要，比赛只是一个形式、一个话题，重要的是通过这样的互动来制造话题，吸引粉丝的关注。

又如，"追星锦鲤"小霸王，作为一个舞蹈爱好者，她在抖音上发布了多支原创舞蹈，甚至还打造了"一学就会"的原创系列短视频，并且迅速爆红。随着名气的增长，她也获得了与明星同台的机会。有了明星的助力，关注其短视频的粉丝也不断增长。

可见，抖音短视频是靠内容取胜的，每到一个高度，都可以向更高的台阶迈进。不断寻找与自身实力相当的账号联合，是进行营销推广的有效良策。

第8章
精准吸粉，六招让你轻松将看客变粉丝

无论是个人，还是商家，都被抖音的巨大流量吸引，想在抖音上火一把。然而，理想很好，现实却很残酷。当真正玩抖音时，你会发现并没有那么容易火。为什么别人随意一发就能点赞过万，而自己精心拍摄的短视频的点赞量却只有寥寥几百呢？本章就来告诉你一些增粉的技巧。

利用抖音推荐算法，引爆流量吸粉

在抖音视频中，经常会出现这样的情况：有的抖友随意发布一条视频，一夜之间就获得十几万的点赞量，增粉上万；而有的商家精心打造的短视频却少有人问津。为什么会出现这种现象呢？其实，这都是抖音的推荐算法在起作用。

通常来说，抖音的推荐算法一般分为以下三个部分。

1. 智能分配流量池

当我们发布一条新的短视频时，抖音平台会对其进行智能分配流量池，即第一次把这条短视频进行流量推荐，而首次推荐的流量池主要是粉丝和附近的抖音用户。

除此之外，抖音平台还会根据我们抖音号的标签以及短视频的内容分类进一步进行智能分配流量池。如果这些推荐获得了较高的播放量，那么我们的短视频将会被推荐进入更大、更深的流量池。

2. 叠加推荐

什么是叠加推荐呢？举个例子，我们发布了一条短视频，获得了50次的播放量，如果再有30个转发量，抖音平台就会判定这条短视频为"受欢迎"，然后就会对其进行更广泛的推荐，叠加推荐播放量约为1 500次。

通过二次推荐后，如果短视频再一次获得1 000的转发量，那么抖音平台再次推荐这条短视频的播放量就能达到150万次左右，如此叠加推算下去，那些抖音主播一夜爆红也就不足为奇了。

3. 热度加权

通常来说，火爆的短视频都是需要经过一层层的热度加权的，其考量的标准主要由转发量、评论量和点赞量决定。就如上面所说的叠加推荐一样，每一个火爆的短视频都是从几个流量逐步上升到百万、千万流量的。不过，我们需要注意的是热度权重是喜新厌旧的，即便再火的短视频，其热度也会随着时间的推移而慢慢降低。

这三大推荐逻辑让我们的短视频要么无人问津，要么成为爆款。虽然推荐算法是机械的，但我们可以想办法在首次推荐时提升进一步被推荐的概率，只有被更多的用户看到，我们才有可能获得更多的粉丝。那么，如何在发布初期提升吸粉的概率呢？我们可以从以下几个方面来操作。

1. 多参与抖音发起的话题

抖音为了制造话题，会时不时地发布挑战。这类视频因为有平台的流量，通常会比一般的视频获得更多的曝光机会。因此，我们可以通过及时查看"抖音小助手"来参与抖音发起的挑战话题（如图8-1所示）。围绕"520"这个主题，可以引发各类相关视频，可以想象在5月20日这一天，只要与此相关的内容都会得到更多的曝光机会，因为这就是热点。

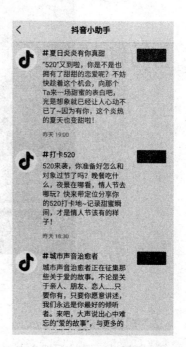

图8-1　"抖音小助手"话题

即便我们的内容与"520"的主题关系不大，也可以想办法找一个角度切入，即所谓的蹭热点。哪怕是一句话，也比完全忽略要好很多。比如，一个美食账号，在5月20日这一天，就可以通过文案使美食与爱情产生联系，无论是"你有多久没有给爱人好好做过一顿饭了"，还是"仿佛是心动啊"这样的关键词，都会有更大的概率被推荐（如图8-2所示）。

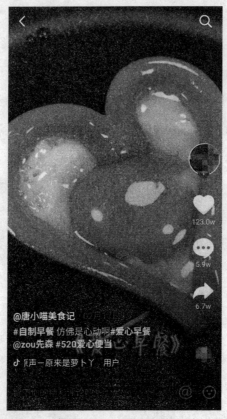

图8-2　520爱心早餐

2. 把握住热点

抖音每过一段时间就会出现一些热点，然后大量的人会进行模仿，不少人也能因此而火起来。像这样的二次蹭热点，为什么也能火起来呢？这主要是迎合了抖友的心声。所以，当热点来临时，我们一定要把握住。

前面我们提到过评论量、点赞量、完播率和转发量越高就越容易被推荐，在蹭热点的时候，我们也要想方设法提高这四个指标。通用的方法包括四个方面：一是在标题上加引导性语句，二是内容一定要有亮点，三是多进行转发，四是多与粉丝互动。做好这些，别人的热点才有可能会成就你的热点，进而引爆粉丝。

当然，增加粉丝还有很多方法，这里只是单纯地从推荐算法上告诉你如何在一开始就获得被推荐的机会，只要把握先发优势，你的涨粉速度就会遥遥领先。

互动起来，让吸粉步入快车道

对于抖音短视频用户来说，创造有价值的内容是吸粉的基础，有了内容，我们还需要学会与粉丝互动。在涨粉这条路上，互动是一个重要的环节，它能够起到以下几个作用。

1. 建立信任感

当你把抖音短视频发布之后，粉丝会进行点赞、评论，如果得不到任何回应，就难以建立起对你的信任。相反，如果你能够时常与粉丝互动，久而久之，粉丝对你的信任度就会加深。你后续发布的视频会第一时间得到粉丝的认可，进而进行点赞或转发。

2. 产生依赖感

哪里有好的有价值的内容，哪里就有粉丝。粉丝通常会对优质的账号保持一定的忠诚度和依赖感，就像追电视剧一样，期待着下一集的内容。不过，粉丝总量不能完全衡量一个账号的真粉数量，只有忠实粉丝才是有效的。

时常的互动有助于增强粉丝对账号内容的依赖性，通常大V号的粉丝每天都在期盼达人更新视频。通过长久的互动，我们也可以培养这样一群忠诚的粉丝，那样就不愁发布的内容没人关注了。

3. 提升影响力

粉丝互动不仅包括运营者与粉丝的互动，还包括粉丝与粉丝之间的互动。无论是哪种互动都有助于提升账号的影响力。比如，粉丝与运营者之间的密切互动，能够引发粉丝之间的口碑传播，粉丝不断向身边的人推荐运营者的视频，这在无形中就进行了推广和宣传，提升了账号的影响力。

互动就像滚雪球一样，粉丝会越滚越多。想要获得更好的与粉丝互动的效果，就必须掌握一些技巧并注意一些事项。具体可以这样来操作。

1. 互动要及时

在日常的沟通中，有问有答，才会让人觉得舒服。抖音短视频虽然不如社交软件那样回复及时，但是粉丝对你的视频进行点赞和评论，如果得到了你及时的回复，他们一定会感觉很好（如图8-3所示）。

图8-3　作者与粉丝及时互动

通常来说，能够获得粉丝评论是极其难得的，粉丝肯定是真心喜欢你的内容，才会停留下来评论，否则只会一划而过。如果你长时间不回复，逐渐地，他们对你的依赖就会降低，要是多次不回复，粉丝可能就会离你而去。

因此，及时认真处理评论区的小红点，将会给你带来更多的粉丝。

2. 互动语言风格要统一

每一个账号都有着独特的风格，通过短视频的内容就可以看出来。你的风格会在粉丝心中形成一种特定的印象，因此，在与粉丝互动的时候，你的语言风格也要保持一致，要遵循视频内容的人设或定位。比如一个以搞笑类视频为主的账号，在回复用户评论时，肯定也以搞笑风格为主。如果一本正经地回复评论，那肯定会令粉丝感到奇怪，甚至产生违和感。

3. 互动要有所侧重

在账号刚开始运营的时候，因为点赞和评论的人数不多，我们可以一一进行回复。随着粉丝的不断增加，就很难有这样的时间和精力去回复每一个粉丝了。遇到这种情况该怎么办呢？只能有所舍弃，筛选出重要的评论进行回复。通常来说，以下几种评论我们可以优先回复。

（1）互动频繁粉丝的评论。通常来说，能够经常对你的视频进行点赞、评论的粉丝，就是真爱粉。对于这些粉丝的评论，最好是第一时间进行回复。

（2）提建议粉丝的评论。能够对你的视频提出建议的粉丝，一方面说明他们在该领域是有一定专业性的，另一方面说明他们很在意你的内容。对于这类粉丝的建议，我们要虚心接受，即便不采纳，也要及时做出反馈。

（3）大V的评论。如果你的内容做得有趣，可能会得到一些大V的评论，这其中包括在某个领域大家都熟知的人物，或是不熟悉但粉丝数量众多的人。对于这些人的评论，我们要给予足够的重视：一来可以借助他们的名气和流量为自己的账号增光添彩；二来可以让粉丝看见我们和这些人的互动，从而提高账号的质量。

（4）消极的评论。一条视频不可能获得所有人的喜爱，难免会有一些负面或消极的评论。对于这类评论要及时进行处理，不要让消极的声音蔓延，否则很容易让粉丝觉得你对负面信息不重视。

除此之外，我们还可以通过抖音直播与粉丝进行互动，这种方式比较直接，能够很好地拉近与粉丝的距离。不过，要注意保持丰富的表情动作，要多流露出感激之情，说话要尽量幽默，还可以讲述一些自己的经历，这样更能获得粉丝的喜爱。

"懒人式"玩法的吸粉策略

有太多的人凭着热情投入抖音短视频的创作中，但失望随之而来，如果无法得到突破，热情就会消散，最终怀着遗憾离开抖音。

为什么别人涨粉轻而易举，自己却不行呢？其实，这可能是因为你没有掌握正确的方法。想要在第一时间抢占流量巅峰，以更高效、快捷的方式输出核心价值点，不妨试试"懒人式"抖音玩法。这种方法不需要大费周折想创意、练技巧，在家躺着玩也能轻松涨粉10万+。

1. 人物式视频

人物式视频一般是指真人出镜的视频。通常在抖音的算法机制中，短视频中有人物要比没有人物获得的流量更多，所以，多找几个人拍视频是吸粉的最好方式之一。

想要获得好的人物出镜效果，出镜的人物通常需要多才多艺，但"懒人式"玩法并不要求抖音主播有特长，只要能熟练地表达即可。比如像和他人交流一样，将一些素材很自然地、声情并茂地表达出来，也就是说，表达要有张力，这样才能深深地打动粉丝。

很多抖音大V在刚开始录制短视频的时候都采用这种方式。他们看似很有道理的见解其实也是搬运别人的内容，只是经过了他们独特的演绎，从而获得了大量的粉丝点赞和评论。可以说，这种方式不但简单易操作，而且效果也很好。

2. 图文式视频

抖音不仅提供了视频上传，而且图片也可以上传制作成视频发布。图文结合的视频，并不逊色于拍摄的短视频。因此，如果没有时间和精力拍摄短视频制作，图文视频也是很不错的（如图8-4所示）。

图8-4　图文式视频

不过，制作图文式视频时需注意以下几点。

（1）文字要简短、简练。图片与文字结合的短视频其实和幻灯片很类似，每一张图片都是自动跳过的，其匹配的文字自然也随图片一跳而过。如果文字太长，粉丝根本看不过来，这样难免会带来阅读障碍，从而对内容失去兴趣。

（2）图片数量要适量，控制在6张左右为佳。抖音短视频本身时间就比较短，如果图片太多，图片之间间隔的时间就会相对缩短，那样粉丝还没有看清内容就已经跳转过去了。

（3）写好第一张图片上的文字。第一张图片上的文字相当于短视频的标题，有吸引力才能让粉丝点开视频。

3. 对话式视频

对话式其实和图文式有些类似，它是指把聊天的内容通过图片或视频的形式展现出来。这种视频之所以能火，不仅是因为满足了很多人的偷窥欲，还因为对话内容十分有趣。制作这种视频的方法非常简单，只需将微信或QQ等聊天记录截图，做成图文式短视频，或者打开手机屏幕录制工具将聊天过程录下来，然后上传到抖音就可以了。

不过，我们在设计聊天内容时，一定要注意两点：一是对话内容要精练、有趣，时长不能太长，段子不要铺垫太长，否则粉丝是不会有兴趣等待的；二是段子要自然，不要看起来太假，否则粉丝也不会买账。

总之，如果你在运营抖音号的过程中，出现了粉丝增长缓慢之类的问题，不妨试试以上几个方法，或许就会出现转机。

找准情感痛点，才能赢得粉丝追随

在运营抖音的过程中，想要获得粉丝的注意，在营销上就必须走心，即抓住粉丝的情感痛点。

什么是痛点呢？简单来说，就是我们在生活中遇到的各种无法解决的问题，这些问题经常困扰着我们。每个人都会有痛点，作为抖音运营者，就是要抓住用户的痛点，要认识到用户的每一个痛点都是我们的一次机会。只要针对这些痛点提出适当的解决方案，一旦得到用户的认可，他们就会追随你。

那么，如何找到用户的痛点，从而为他们提供解决痛点的方法呢？

1. 站在粉丝的立场思考痛点

什么样的内容才符合粉丝的需求，才能触动他们的痛点？这是每一个抖音运营者都需要考虑的问题。唯一能够有效解决这个问题的方法就是学会换位思考，即站在粉丝的角度思考自己希望看到的内容。因为你与粉丝的生活背景、感情经历可能存在着很大的差异，如果你一味地从自己的角度思考，那么即使是同样的内容，粉丝看到后的感受跟你的感受也可能截然不同。

那么，如何换位思考呢？具体可以这样来操作。

一是研究粉丝的诉求。诉求其实就是对痛点的反应。对于这一点，我们可以从优秀的视频里学习，琢磨为什么他人的视频能够获得如此多的评论，思考这背后的逻辑到底是什么，粉丝的痛点是如何被满足的。

二是调查粉丝喜欢什么样的视频，并进行分析和归纳，然后得出结论，以此指导自己的视频制作。

2. 选好情感主张

想要获得粉丝的情感，用情感打动他们，就要选择一个好的情感主张。这个情感主张可以是亲情、友情、爱情，也可以是自律、奋斗、坚强等一些美好的品质。总之，找准一个符合粉丝心理需求的情感主张是让他们感动的关键。在进行情感营销的过程中，需要注意以下两个方面。

（1）要与抖音号的定位契合。情感营销的效果是很不错，不少抖音大号都运用过这种方法，但是想要真正打好情感这张牌，一定要与抖音号的定位契合。如果"乱弹琴"，粉丝就会觉得你矫情。

（2）寻找新的情感话题。很多煽情的话题用多了，粉丝就不会有感觉了，因为太老套了。只有不断地寻找新的情感话题，粉丝才会被打动。

3. 从真实的经历出发，制造痛点

富有感情色彩的内容更容易引起粉丝的共鸣，通过制造情感痛点来获得更多粉丝是一个有效的方法。在这个过程中，我们可以从两个方面来进行操作。

一是用亲身经历激发粉丝的情感。总有一些经历会让人感觉似曾相识，也总有一些经历会令人羡慕，因此，你可以诉说你的亲身经历，这样会引起不少粉丝的共鸣，让他们产生认同感。

二是不断地制造疑问。在描述情感痛点的时候，你还可以适当地制造一些疑问，把问题抛给用户。如果这些问题正好是用户的痛点，他们就会跟随着你的思路去寻找答案，甚至进行评论，成为你的忠实粉丝。

最后，需要说明的一点是，在当下这个情感消费时代，情感营销被越来越多的企业、商家运用，但是眼泪不等于感动，如果煽情的内容或方式

不当，很容易招致反感。情感营销并不是一味地让粉丝哭，"回忆+回忆=流泪"的既定广告模式也不是任何地方、任何时候都适用，只有真正符合粉丝痛点的情感才是真情感。

企业号快速吸粉技巧

企业号和个人号在运营上是有所区别的。企业号由于受内容制约，它更多的是推广一个品牌，不像个人号那样可以有更加自由的内容。因此，企业号前期不温不火是很正常的，我们大可不必为此烦恼。只要用心做好每一条内容，应用好涨粉的技巧，总有一天会实现爆发式增长。

通常来说，企业号想要获得平台更多的推荐，必须做好以下三个方面。

（1）主题丰富。抖音的推荐机制会把不同类型的内容进行调控，按照合理的比例将不同的主题组合起来推荐给用户。保持主题的多样性，推荐的领域会变得更广。

（2）内容持续更新。只有源源不断输出新内容，才能实现自身账号的价值，进而留住用户。

（3）内容有创意。有创意的内容才能够满足用户尝鲜的心理，进而留住用户。

除此之外，企业号想要在平台上吸引用户关注，收割用户时间，还可以从以下几点进行。

第一招：放下架子。

企业形象向来是比较严肃的，偶尔放下架子，可以取得出乎意料的营销效果。比如钉钉面对小学生组团打一星，发布了"钉钉本钉，在线求饶"的短视频，做到"该道歉的道歉，该澄清的澄清"，实力挽尊。支付宝抖音号也经常发布一些比较谦虚的视频（如图8-5所示）。这种谦虚的形象让用户对其更加有好感。

图8-5　支付宝视频推广

　　第二招：适当皮起来。

　　"一本正经"通常用来形容官方形象，这种形象比较有权威性，但同时也让人觉得过于严肃。事实证明，人们更喜欢轻松愉悦的氛围。超皮优酷君作为优酷的官抖，没有官方严肃的样子，而是以"皮"著称（如图8-6所示）。因此，企业号也可以根据具体情况让自己的账号变得更加接地气。即便是非常严肃的身份，偶尔皮一下，或许也能增粉无数。

图8-6 "超皮优酷君"界面

第三招：植入流行元素。

流行就意味着某产品或元素在当下拥有庞大的受众。那么，我们在短视频中植入流行元素本身就意味着流量，而且这些元素总能制造许多话题。总之，多植入一点儿流行元素，就能多一点儿火爆的机会。

第四招：利用网红流量。

有时候，自己做企业抖音号迟迟火不起来，怎么办呢？我们还有一招，就是利用网红流量。我们可以和那些在抖音上已经爆火的个人进行合作，采用这种双方获益的模式所取得的效果要比苦苦支撑更好。

这些方法对企业抖音号的增粉都有一定的帮助，但需要说明的是，任何方法都不是万能的，更不能保证你做了就一定能火。每一个火爆的企业抖音号都有它自己的特色，方法可以借鉴，但内容一定要保持独特、与众不同，才会被粉丝钟爱。

三个秘诀教你突破涨粉瓶颈

在运营抖音号的过程中，会有那么一段时间，粉丝数突然就像静止了一样，不再增多。一路飙升的粉丝数怎么就停滞不前了呢？其实，这就是遭遇了所谓的瓶颈期。当遇到瓶颈期，我们该怎么突破呢？有这么一个涨粉的公式：涨粉=内容质量×长期价值。

从这个公式中可以得知，内容质量以及内容是否拥有长期价值是涨粉的两个重要因素。除此之外，内容的连续性也至关重要。接下来，我们就来探讨一下突破涨粉瓶颈的有效秘诀。

1. 持续提升内容质量

在自媒体时代，我们常说内容为王，通过前期把内容做好，后期实现变现。其实在短视频时代，内容同样非常重要。对于这一点，抖音运营者都非常清楚。

但是，任何一件事情都要经过从尝试到熟练的过程。我们制作短视频也一样，起初总会有不足的地方，或是因为技术不到位，或是因为想法不够有创意，制作出来的短视频总是有这样或那样的缺憾，在后期的不断摸索、实践中，才逐渐找到感觉，作品也越来越完美。这是一个必经的过程。

比如，有的人在刚制作抖音短视频的时候，只是简单的图文结合，或是一个镜头拍到底，这种形式比较简单，很难体现专业性。想要做成一个专业的账号，就必须在制作上加以改进。

有的人刚开始玩抖音的时候，不说话、不出镜，这其实都是放不开、不自信的表现。而要想运营好一个抖音号，真人出镜是非常值得尝试的，你的声音和形象就是一张很好的名片。

当然，提升内容质量是多方面的，从技术到思想，从创意到表现形式，做好一个视频需要不懈的努力，内容的提升是需要长期坚持的一件事情。

2. 呈现账号的长期价值

什么是长期价值？就短视频的内容而言，就是你的内容能够给粉丝带来长期的益处。要想提高内容对粉丝的长期价值，最好的方法就是多发布视频，比如每天1~2条，这样就能形成对粉丝的长期影响，你的价值才会持续存在。

其实，除了提升更新视频的频率外，还可以借助其他方法让粉丝长期关注我们。比如，一个美食账号的主播在视频中说，她会陆续在抖音视频中跟大家分享500多道特色家常菜的做法。如果每天发布一道家常菜的做法，那么就意味着500条的视频，按照这个发布频率，足够发一年多了。

其实，只要她前期发布的做菜视频足够优质，那么看过的用户很大概率会关注她，因为不管她后期会发布哪些做菜视频，用户都会觉得可以从中学会不少做菜的知识，这样一来，账号就有了长期存在的价值。

3. 让内容具有连续性

追过电视剧的人都很清楚，一旦进入状态就难以停下来，即便熬夜也要看。为什么看剧会这么痴迷，就是因为一集一集连在一起，每一集的剧情都紧扣人心，让人看完上集期待下集。其实，我们在制作短视频的时候，也可以运用这个方法，即呈现内容的连续性。

（1）进行预告。每部电影上映之前都会先发布精彩预告，观众被预告吸引后就想知道整个剧情，于是就兴致勃勃地购票观影。抖音短视频虽然简短，但同样可以做到五脏俱全，60秒的时间足够交代一件事情，在视频结尾加入1～2秒的下期预告，感兴趣的用户必然很期待，他们可能会因为不想错过而选择关注。

（2）拆分视频。在刷抖音的时候，我们经常会看到一些视频分为上下两部分。通常上部分非常有悬念，如果想要知道下半部分就必须点开账号的主页去寻找。采用这种方式有两个好处：一是把视频一分为二，缩短单个视频的时长，便于提高完播率；二是一个视频火了，其他视频火的概率就会提高。

需要注意的是，拆分视频也分内容，不是所有的视频都适合拆分，且每个部分都必须足够精彩，否则另一半视频只能石沉大海。

第9章
善于复盘，经验值成就大V之路

复盘，简单地说就是深度的分析和总结。在运营抖音短视频的过程中，难免会出现这样或那样的失误。只有及时进行分析，得出改进方案，我们的内容才会越做越好。复盘可以说是抖音运营者必须学会的一项技能。那么，如何科学地复盘呢？本章就带你学习复盘的技巧，从而打造爆款视频。

懂得复盘，是抖音运营的必要技能

复盘源于围棋术语，也称复局，指对局完毕后，复演该盘棋的记录，以检查对局中着法的优劣，这样可以有效地加深该盘棋对弈的印象，从而提高水平。通常我们将复盘引申到项目中，就是项目复盘，即对过去完成的项目做一个回顾，对一些关键环节进行分析，从过去的经历中总结经验教训，为新的项目或工作提供有价值的参考。

任何一个项目都是从零开始的，都会经历目标、需求、设计、开发、测试、上线等几个阶段，复盘的意义就在于对这些阶段进行分解，分析它们的优劣，这就是复盘的大体结构。

在运营抖音短视频的过程中，我们同样可以借用复盘这个概念。比如对于一个短视频，我们可以这样来复盘：是否按照目标计划进行了固定频率的发布？视频发布之后获得了多少点赞？按照原计划的需求点实现了多少转化？哪些需求点没有按目标计划实现？为什么有些粉丝点赞之后并没有关注？

通过一系列的分析之后，得出存在多少问题，然后仔细分析这些问题出现的原因，并根据数据写出报告，给出一个优化的目标方案和实施计划。

作为抖音运营者，善于管理同样是一项很重要的技能，把短视频看作是自己的产品，那么自己就是一个产品经理。作为产品经理，不仅要具有制作、发布视频的技能，处理过程中出现的各种意外，学会总结得失也是重要工作。我们必须抓住复盘的机会，深入思考，不断提升自己的运营能力。

复盘是比总结更优秀的一种优化方式，它有助于我们及时发现问题，解决问题。在运营抖音的过程中，借用这样的方法，可以让我们的视频推广变得更加便捷，获得更多的点赞和评论。

剔除不合理目标，终止失败

在复盘的时候，我们就要认真分析自己当初制订的目标是否合理，如果不合理该如何改进。只有认识到了问题所在，后续再制订目标时才会更加合理。我们必须牢记：不科学的目标就意味着失败。

比如，很多人在刚玩抖音的时候，就憧憬着一夜成为大V，这种目标实现的概率几乎为零。哪有那么多一夜爆红呢？任何一个抖音大V的出现，背后都有着团队长期的努力与坚持，我们看到的十几秒的画面，其背后可能是花了数小时甚至更长的时间制作的。

所以，几天就要爆红这样的目标是非常不合理的，达不到效果不说，还会让我们的自尊心受挫，让我们失去动力。

那么，什么样的目标才算合理呢？我们先来看一个假定的例子。

假设某个抖音号设定了这样的目标：第一个月涨粉1万+，第二个月涨粉10万+，第三个月涨粉30万+，第四个月涨粉50万+……

这样的目标看起来很好，做起来却很累，最终能实现的可能性也较小，因为有太多的不可控因素。因此，我们设置目标时一定要考虑以下几个因素。

1. 可行性

无论是更新频率，还是涨粉数量，经过一定努力可以实现的才是合理的目标。符合客观实际，属于跳一跳能够得着的，才会让运营者充满信心，饱含热情。比如我们可以先发布几个视频试试水，然后再制订目标，在不断改进和增粉的过程中实现突破。

2. 灵活性

与其制订一个固定的死目标，不如列一个目标范围，保持目标的灵活性。这样，在实施的过程中，如果环境、条件发生变化，或者遇到来自其他方面的随机性干扰，就能够从容应对。比如在发布频率上，如果目前的精力很难做到一日一更，那可以保持一周 2～3 更。

3. 务实性

一个合理的目标一定是务实的。因此，我们要对自己有足够的认识，能够结合自身的条件来制订目标。一个人有一个人的玩法，一伙人有一伙人的玩法。当自己还没有团队的时候，就不要去跟精英团队比；与其整天想着超越别人，不如先超越自己。

就拿前面这个假设的例子来说，不断追求每月涨粉多少万+，不如设定更合理的阶段性目标。比如，第一个月观察 1 000 个同类视频，锁定自己的定位；第二个月研究 5 款视频制作软件，熟悉各项功能；第三个月寻找人才，组建团队，开始实施计划。这些都是主观可控的因素，做好充足的准备，后续的涨粉计划实现起来就会更加容易。

总之，不合理的目标实施起来既浪费时间又浪费精力。在复盘的过程中，一定要结合以上这些点去仔细思考当初的规划是否合理。如果失败了，则更要找到目标无法达成的原因，根据账号的类型、粉丝属性、发布时间、内容等进行分析，倒推原因，最后回归到目标上。如果确实是因为目标不合理，那就要及时更正。所以，运营抖音一定要在初期制订一个合理并且可以实现的目标，才会有更大的获得成功的机会。

善于在总结中发现亮点和不足

在复盘的过程中，需要总结的方面较多，其中非常重要的一项就是对结果进行比较。什么是结果对比呢？简单来说就是将制订的目标和获得的结果进行对比，从而发现其中的亮点和不足。

那么，具体应该怎么做呢？下面我们以抖音运营为例来说明。

运营一个抖音号看似简单，其实工作量是巨大的，必然会存在亮点和不足的情况。

1. 亮点

通过对比和研究大量同类号，找到自己账号的特色；积极参加挑战赛等活动，了解更多涨粉的渠道和方式；在短时间内弄清楚粉丝的需求，并根据粉丝的需求做到视频的多样化；在视频制作方面，运用一流的特效，赢得了大量的点赞……

2. 不足

视频配乐方面不够细致，选取的音乐与主题相符却不够有特色；内容逻辑不是特别清晰，个别画面拍摄得不是特别稳；特效制作遇到瓶颈，不能推出款款独特的视频；遇到问题的时候没有及时解决，而是层层上报，互相推诿，浪费了时间……

这些都是在运营过程中可能会出现的亮点和不足，当然，不同的账号，亮点和不足也是不同的。在进行复盘的时候，我们要对合理方案与不合理方案进行详细地分析，分析过程与结果，通过细致探究，找到两者的亮点和不足。

只有经过反复多次的对比，得出最优化的运营方案，才是我们需要的。这种通过一次次的尝试所取得的经验是非常宝贵的。

通过对比，我们就会发现合理的目标能够带来极大的好处，比如给予正确的引导，增强团队的斗志，清楚前进的方向等；而不合理的目标，在一开始就没有获得团队的整体认可，在执行的过程中难免会产生消极的情绪，消极情绪又会导致态度敷衍、效率低下，最终导致目标失败。

作为抖音运营者，我们需要关注的一点是，在结果对比环节中，最主要的目的就是发现问题。我们不能仅仅停留在数据（点赞量、粉丝量、转发量等）层面做分析，这样的分析不够全面，必须从整体抖音运营的诉求以及投入、产出等目标维度进行对比，这样的复盘才有意义。

总之，我们必须常常去对比不同方案的差别，找出每个方案中的亮点与不足，在结果对比中注重实战，找到根源问题，这样才能让抖音运营更加顺畅。

马太效应：你越努力，就会变得越强

什么是马太效应？它指的是一种强者愈强、弱者愈弱的现象，是社会学家和经济学家经常使用的术语。

关于马太效应，有这样一个故事：

很久以前，有一个国王要远行，临行前，他交给三个仆人每人一锭银子，并吩咐道："你们去做生意，等我回来时，再来见我。"

不久，国王就回来了，三个仆人也前来看望国王。这时国王问他们关于一锭银子的事。第一个仆人报告说："主人，您给我的一锭银子，我现在赚了十锭。"国王很满意，就奖给他十座城邑。第二个仆人说："主人，您给了我一锭银子，我现在赚到了五锭。"国王心情依旧很好，并奖给他五座城邑。第三位仆人说："主人，您当初给我的一锭银子，我一直包在手帕里，从未掏出来。"这个时候，国王做出了一个令人费解的决定，他把第三个仆人的银子交给了第一个仆人，并说："凡是少的，甚至他所有的，也要夺过来。凡是多的，还要多给他，让他多多益善。"

这就是马太效应。反映当今社会中存在的一个普遍现象，就是"赢家通吃"。

马太效应是由著名的社会学者罗伯特·莫顿提出的，他以此概括了一些社会心理现象：相比那些不知名的研究者，声名显赫的科学家通常能得到更高的声望，即便他们的成就是相似的。同样地，在一个项目上，声誉通常给予那些已经出名的研究者。例如，一个奖项总是授予最资深的研究者，即便所有工作都是一个研究生完成的。

罗伯特·莫顿将马太效应概括为：任何个体、群体或地区，一旦在某一个方面（如金钱、名誉、地位等）获得成功和进步，就会产生一种累计优势，就会有更多的机会取得更大的成功和进步。

马太效应带给我们这样的启示：只有足够强大，才能获得更多的资源，赢得更多的机会，由此变得更强，从而成为最终的赢家。

比如，一个人做事，持积极或消极态度，获得的结果就会完全不一样。越是积极想改变自己的人，就会不断努力，让自己变强大；而消极的人做什么都缺乏自信，面临各种失意，渐渐就会变得懈怠，甚至彻底消沉。

在抖音中，也存在马太效应。比如它的推荐算法：视频一旦被更多的人关注，就会获得更多的曝光量；而如果关注的人少，推荐的机会就会少得可怜。这就是大V随意发布一条视频就能够获得不错的播放量，而不知名的小号发布的内容往往少有人问津的原因。

又如，很多人在刚运营抖音的时候，因为新鲜劲儿还在，就非常有激情，可是玩了一段时间之后发现没有播放量，就开始变得不积极，渐渐地越做越差。其实这也是马太效应的体现，你越不努力，越不积极，就会变得越弱。

了解了马太效应的利弊，那我们在运营抖音的过程中，就应当极力去避免马太效应所带来的弊端，找准自己的定位，一直努力下去，这样才能走出差者越差的境地，并利用这个效应所带来的正向增长实现更好的发展。

为此，我们可以从以下几个方面着手。

1. 选择正确的方向，并一直坚持

明确的方向、精准的定位是走向成功的前提。在运营抖音时，确定目标以后，要持之以恒、坚持不懈地朝着目标的方向努力，越努力才会越幸运。

2. 比别人更有创意

从马太效应中，我们可以得出一个结论：任何事物，一旦落后于他人，就很难赶上或者超越领先者。但是有一招可以克敌制胜，那就是创新。抖音短视频充满无限的可能性，只要你比别人更有创意，就有一夜爆红的潜力。

3. 努力树立自己的品牌形象

抖音大V自带光环效应，可以获得更多的流量。但是成为大V并不是一朝一夕的事情，而要经历一个循序渐进的过程。即便有一天成了大V，脚步也一刻不能停，只有不断地突破，你才能长久地被粉丝关注。

在复盘的时候，无论我们发现了短视频的多少优点和不足，都必须牢记马太效应，即越努力就会变得越强。优点继续保持，不足及时改正，短视频运营就一定会越做越好。

经验可贵，积极行动更可贵

在复盘的过程中，当分析清楚了目标不能实现的因素之后，我们就要对整个抖音营销过程进行改进，再总结。之所以要这么做，重点不是揪出多少问题，而是总结在完成整个项目的过程中有哪些优秀的值得再次利用的经验，然后积极行动起来。

总结经验是一项技术活，我们需要了解它的一些特性，这样更有利于总结的进行。

1. 客观性

只有客观才能做到真正的公平、公正。总结是对短视频发布前所有的环节进行全面回顾和检查，必须客观看待，杜绝主观因素的加入。如果主观臆断，存在随意夸大、缩小，随意杜撰、歪曲事实的做法，这样的总结就毫无意义了。

2. 自我性

总结的对象是什么？说得直白一点儿就是对自身所做的事情进行归纳。它以自身的工作实践为基础，无论是经验、教训，还是之后的反思等，都是自己针对自己的，属于自我提升的范畴。也就是说，总结是发自内心的自省，与他人无关。

3. 回顾性

要进行总结，就必然要回顾过去。它与计划是相反的，计划是部署未来的工作，总结则是对之前的过程进行回顾，目的就是在分析中发现问题，找到解决的办法，以便更好地指导下一次的任务。

4. 经验性

任何实践活动都会产生结果。总结必须得出结果，而且需要高度概括，汇总成经验。经验作为精神层面的收获，要比物质上宝贵得多，因为它对今后的实践有着重要的指导作用。

可见，总结必须按照实践是检验真理的唯一标准的原则，去客观地反映抖音运营中存在的各种问题，然后找出正反两方面的经验，得出规律性的认识，以弥补不足。

总结之后，想要让复盘真正起作用，就必须行动起来。在行动中，我们只要一心做好自己能控制的事情就好，而不必总是纠结那些超出自己控制范围的部分。落实到具体行动上，我们应该兼顾以下几个方面。

（1）如何着手进行。复盘完成了，经验教训也总结了，为了及时止损，要改进抖音运营中存在的问题，以及后续的发展方案，确定具体应该如何着手，从哪些方面开始。

（2）哪些需要保持。在进行的过程中，首先找出抖音运营中优势的地方，并继续保持下去。当然，哪些属于优势，有时候需要仔细甄别，因为变量太多。总之，强化优势领域，才能让已经成功的经验复现。

（3）哪些必须丢弃。在复盘的过程中，如果发现一些做法没有任何益处，甚至变成了阻碍，就必须及时丢弃。

在运营抖音的过程中，及时进行复盘是一项不可或缺的工作。我们必须不断地将运营中出现的失败的或成功的经验转化为前进的动力，才能在不断完善中提升短视频的质量。

第10章
多渠道引流，实现产品的疯传与裂变

当下，抖音不仅仅是单纯的短视频娱乐平台，而且已经和商业紧密地结合在一起。商家可以通过抖音卖东西，消费者也可以在抖音上买东西。越来越多的人想通过抖音赚钱。在粉丝足够多的情况下，如何进行引流让粉丝购买自己的产品是变现前最重要的一点，否则谈盈利就毫无意义。本章就来介绍抖音的各种引流法。

别只顾引流，留住粉丝最重要

当下，无论是传统的社交媒体，还是火热的短视频，彼此间的竞争越来越激烈。对于运营者来说，能否将粉丝牢牢抓在自己手中，是成功运营账号的关键。

比如，很多运营者想尽各种办法，对自己的账号进行推广营销，但最终粉丝依旧少得可怜；也有一些运营者通过推广营销，获得了一定量的粉丝，但是好景不长，这些粉丝又逐渐流失掉了。

和吸引不了粉丝一样，留不住粉丝成为很多短视频运营者头痛的一大问题。所以，抖音运营者不仅需要下功夫引流，更需要留住粉丝。

设法留住粉丝是抖音运营者必须具备的一项基本功。吸引粉丝关注之后，由于这些粉丝是通过各种推广营销渠道引流而来的，其忠诚度本身就不够高，想要留住他们，就必须想办法提升他们的忠诚度。最好的办法就是保证内容创作的持续更新。

我们大多数人都追过剧，优秀的电视剧不需要费心费力地去宣传，只需要认认真真拍摄好每一集，然后定时定量地更新，观众就会形成追剧的习惯，从而对该电视剧产生依赖与忠诚。抖音也一样，持续更新内容才能让粉丝持续关注。如果内容足够优质，粉丝的忠诚度就会进一步提升。

在抖音平台上，任何人都可以随时随地地发布短视频，这里需要说明的是，大部分人是把抖音当作朋友圈，只是根据自己的心情来分享作品。只有真正的运营者才会定期持续更新内容。这就是为什么一般人玩抖音很难形成规模，产生价值，也很难留住粉丝的原因。

留住粉丝与引流同样重要，持续更新内容是运营最基础的工作。无论是将粉丝引流到其他线上平台，还是将粉丝引流到线下店铺，都要采取措施留住他们。比如海底捞通过"美食DIY"和"海底捞挑战赛"等活动，将线上的粉丝吸引到店铺进行消费的举措就很成功。同时，在线下店铺，海底捞不仅为顾客提供新的DIY美食，还开展顾客自己DIY美食活动，让顾客发挥创意，并且海底捞还将顾客DIY出来的优质美食推荐给其他顾客。这种线上、线下的联动活动进一步增强了粉丝的黏性，对留存粉丝起到了很重要的作用。

总之，在运营抖音的过程中，引流虽然是一项重要的任务，但在这个过程中要同时兼顾留存粉丝。因为随着抖音流量红利期的逐渐消退，获得粉丝会越来越难，及时留住粉丝，正确地引流才是最科学的做法。

高效的评论区引流法

就像看头条新闻一样，很多时候新闻的内容不一定精彩，但下面的评论很精彩。如果是评论过万的新闻，看评论比看新闻本身更有意思，在评论区里集结了众多网友的评论。其实抖音也一样，一条火爆的视频必然带来众多用户的评论，如果能够利用评论区进行引流，那效果是相当好的。

评论区引流不仅可以在自己的视频评论区进行，还可以在其他同类视频的评论区进行。如果自己的账号刚起步，人气不够旺，我们可以寻找同类型的大号，在其评论区里进行评论，以提高曝光量；如果自己的账号本身就火爆，那就可以在自己的评论区里进行引流。

引流话术怎么设计才能获得更高效的转化呢？下面就告诉你一些技巧。

1. 账号形象要好

一个好的形象，给人的感觉是舒服的。抖音号也应该让人看起来舒服。这里的"好"可以理解为专业。那么，如何体现出专业呢？——好的头像和名字就极其重要。一个形象好的账号，其头像和名字会具备以下几个特征。

（1）符合抖音号特点的定位。想要树立账号的好形象和专业性，那么账号的头像与名字一定要与所发布的视频内容相关联。

（2）格调合适，风格不落于低俗。抖音号的头像要有格调，让人看起来舒服，一切低俗的风格都应该是禁止的。粉丝也不会信任这样带有低俗信息的账号。

（3）个性化。好的头像能让用户一眼就记住，这个"好"其实就是个性化。你的头像和名字独特，自然更容易被用户记住。

（4）直接使用LOGO。我们知道，一个LOGO是经过精心设计的，其包含了一个企业或一个产品的核心含义，没有什么比它更适合做头像了。

2. 话术表达要软

无论是在别人的视频中进行评论，还是在自己的视频中与粉丝互动，看起来都像一件很容易的事，但也是有一定技巧的。比如引流话术要软，这里的"软"是指进行广告宣传要软，因为粉丝大都不喜欢广告，尤其是硬广。

所以，在评论时一定不要犯这样的错误。比如同样一条信息，不同表达传递的意思也会不一样：

（1）点击我的抖音短视频，即可了解同款产品哟！

（2）想要了解同款产品，可以点击我的抖音短视频哟！

两者相比，（2）给人的感觉就软得多——你想了解同款产品就可以点击短视频——这是一种平等式的口吻，想不想了解，你可以自由选择；而（1）给人的感觉则带有一点儿命令的口吻——点击短视频你才能了解同款产品，否则……

3. 三大话术技巧

评论有门道，比如在评论区里"安插"几个头像和昵称有特色的用户进去，可以起到很好的带动作用。除此之外，引流话术想要说好，以下几个小技巧值得我们学习。

（1）句式要独特。在刷抖音的时候，我们经常能够看见这样的句式：

"这是我在抖音心动的第99个……""有多少人像我一样默默地看完，才点开看评论的……"等等。这样的句式，具有普遍的实用性，适合很多主题。当想评论又一时间没有灵感时，就可以套用这种句式。这些独特的句式也很容易被粉丝模仿，从而使评论区热闹起来。

（2）引发秘密话题。在评论区针对与视频有关的内容，提出一些秘密话题，即引导大家把一些平时不敢说的话在评论区里说出来。因为大家都是陌生人，谁也不认识谁，很容易卸下伪装和防备，表达自己内心最真实的想法。

（3）开发脑洞，话术要一鸣惊人。前面我们说了，评论往往比新闻本身更好看，那是因为用户的脑洞太大，各种稀奇古怪的想法都能在评论区见到。如果你的评论十分个性，就会很容易引来一群人的模仿，大有一较高下的气势，瞬间就可以将评论区的气氛炒起来。

需要注意的是，评论引流法并不是引流完就结束了，我们还要关注最后的结果。也就是把粉丝引到抖音号之后，还要让他们看到实实在在的东西，这样粉丝才会觉得没有白白关注你，从而实现评论引流的完美闭环。

POI引流，让带货更加轻松

说到POI，很多人对其不甚了解，其实POI是Point Of Interest的英文缩写，意思是"兴趣点"。但是在抖音上，它的意思与这毫无关系，而是指抖音官方给账号主标注的地址，即我们在抖音中看到的定位图标，只要点开图标就能看到视频（如图10-1所示）。

图10-1　"北京动物园"官方抖音界面

图10-1中对账号信息进行展示，就是POI展示。我们可以从中看到账号的头图、名称、营业时间、具体地址、联系电话等信息。

很多商家都通过POI页面向用户进行产品推广，比如发放优惠券、发布打折信息等。当用户刷到这样的视频之后，就可以点击地址图标进入主页。用户看到详细的信息后，如果门店近就可以立马前往；如果门店远，则可以通过网购的形式购买；无论哪种形式都能促进产品的销量。所以商家都很乐意开通POI功能。

1. 申请 POI 功能

POI展示不仅能满足企业的线上宣传需求，还能提高用户对线下门店的关注量和购买转化率。作用如此巨大的功能如何申请开通呢？

遗憾的是，POI功能只有企业号才有资格申请，也就是说个人号是无法开通的。申请POI功能的第一步是进行企业号蓝V认证，所需费用为600元。具体流程如下：

（1）打开抖音PC端官网，点击右上角"企业合作"的下拉按钮，单击下拉列表中的"企业认证"（如图10-2所示），进入企业号特权介绍页面（如图10-3所示），即可看到"企业号×POI"。

图10-2　"企业认证"选项

图10-3 企业号特权介绍页面

（2）单击"立即认证"，根据实际情况填写各项资料，注意企业名字要和企业信息吻合。然后填写运营者的信息，完成后即可按照系统提示缴纳600元/年的服务费，到期后想要继续保持企业号认证需继续缴费。每个企业主只能申请两个账号。

（3）认证完成后，即可在后台点击"转化功能"，选择"主页转化功能"，单击"商家页面设置"，在里面即可看到"店铺POI"。单击这个选项，找到里面的"认领更多店铺"。

（4）继续单击"添加"，选择相应的门店地址并搜索，就可以看见该地址下的认领门店，单击"下一步认领"，提交资料，等待审核即可。

2. POI 的引流方法

携带POI信息的短视频会被优先推荐给该地区的用户，使其在同城及相应的领域获得更多的流量。最直接的POI应用方式是在发布视频时直接定位，以此刺激用户的到店欲望，从而实现精准的导流和转化。在具体操作时有以下几个方式。

（1）POI+卡券。很多商家为了吸引更多的用户从线上走入线下进行消费，都会在POI页面加入一些优惠、打折券（如图10-4所示）。这种代金券让有意向前去消费的用户更加心动。这样，商家不仅用较低的成本获得了利益，还宣传了自己的门店，让更多的用户慕名而来。可以预见，这种方式若被广泛应用，就能更大限度地提高线上到线下的转化率。

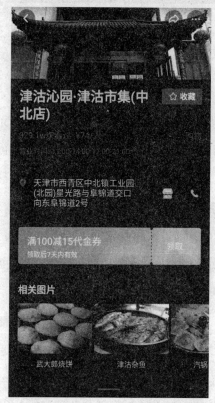

图10-4 "代金券"活动

（2）POI+话题。对于商家而言，POI如何做才最火？其实我们可以从POI的字面含义来看，即兴趣点，也就是如何让用户有兴趣，最好的办法自然是话题挑战了，通过将产品的卖点和客户的兴趣点结合起来，制造话题。

比如，西安作为一座网红城市，有太多的话题，不倒翁小姐姐就是其中之一（如图10-5所示）。当这个视频火了之后，很多其他省市的人都特意跑去西安旅游，目的就是为了见一眼不倒翁小姐姐。

图10-5　网红"不倒翁小姐姐"

总之，POI能够给商家带来巨大的影响，有它的助力，品牌营销可以更加直观化，而且能带动销量，吸引用户从线上走入线下消费。在未来，抖音或许会成为企业营销的重要阵地。学会利用POI引流来实现带货是企业和商家进行产品营销的一项重要技能。

音乐平台，抖音引流的绝佳阵地

　　短视频与音乐是分不开的，很多流行的音乐都是借助抖音短视频火起来的。其实，反过来，短视频一样可以借助流行的音乐获得更多的曝光。为什么音乐能够为短视频带来流量呢？这主要体现在以下三个方面。

　　（1）从抖音的定义可以知道，抖音是一款可以拍摄短视频的音乐创意社交软件。起初它就是一款专注年轻人音乐短视频的社交平台。可见，音乐元素是抖音非常重要的一部分，一旦一首音乐在抖音上火爆起来，那么它就会成为众多视频的背景音乐。

　　（2）抖音上的很多视频之所以有趣，就是因为有魔力的音乐。不管是唱歌、跳舞，还是搞笑，少了音乐的伴奏，看起来就成了滑稽的表演，再好的动作也失去了韵律。

　　（3）抖音平台对音乐类的账号不仅给予独特的图标，而且会给予大量的流量扶持。其他领域的大V号，通过认证都能够获得黄V图标，而音乐类还能够获得独特的蓝V图标，这充分说明了抖音对音乐的重视。

　　由此可见，抖音与音乐有着非常紧密的关系。因此，想要让短视频更加火爆，我们还可以利用音乐平台进行引流。

1. 借助音乐平台评论区引流

　　各大音乐平台，比如网易云、酷狗等，都带有一定的社交功能。我们想要借助音乐平台进行短视频引流，一个非常重要的技巧，就是在平台上不断发布评论，以此来推广自己的抖音号。具体操作如下。

（1）找到抖音音乐平台上的热门歌曲。在拍摄完抖音视频之后，下一步就是音乐的选择。先点击"选择音乐"，再点击"更多"，就可以看到各种分类，还有各种抖音音乐排行榜，比如热歌榜、飙升榜等（如图10-6所示）。通过这些信息，我们就能够了解哪些歌曲是抖音当下最流行、最受欢迎的。

图10-6　"选择音乐"界面

（2）接下来，我们就要在当前火热的音乐平台上找到这首歌，比如网易云音乐、虾米音乐、酷狗音乐、QQ音乐等。找到后就点开看歌曲下面的热门评论。

（3）最重要的一步来了，想要在评论区进行引流推广，做好评论至关重要。如何才能获得完美的效果呢？一是在评论时要事先组织好语言，这些语言要与歌曲相关，这样才能让粉丝关注你，吸引流量。二是在评论的时候尽量曝光我们的头像、名字和主页，这样引流的效果才会更好。

2. 在音乐平台发布动态

除了在音乐平台的评论区进行引流外，我们还可以在音乐平台建立自己的账号，然后经常发布一些有关自己品牌的信息，通过积累也能收获一大批粉丝。

比如，酷狗音乐平台就有一个类似朋友圈的功能，点击"我的"即可看见最上面的"动态"，点击"动态"，在跳转的页面中就可以进行评论、K歌、发布视频（如图10-7所示）。在发布这些信息的时候，我们可以使用抖音最火的音乐，甚至是自己抖音号的主页照片，配以相应的文字，从而把酷狗平台上的用户吸引过去。

图10-7　酷狗音乐"动态"界面

　　只要一步一个脚印，充分利用积累的经验，在音乐平台的引流就一定会有收获。不过，需要注意的是，发布主页动态和发布抖音短视频一样，也是需要定期更新的，这样才能持续吸引粉丝，起到真正的引流作用。

微信引流，最大化地挖掘粉丝价值

企业或商家想要通过抖音长期获得精准的流量，就必须不断积累，并将用户"圈养"在自己的流量池中，不断地倒流和进行转化，让用户"活"起来，这样变现才容易实现。在各种引流平台中，微信是重要的平台之一。

微信作为一款成熟的社交App，有着多样的功能，比如朋友圈、小程序、微信群、扫一扫、雷达等，我们可以通过这些来引流用户，进而实现转化。一般来说，我们可以通过以下三种方法来引流。

（1）利用摇一摇功能。微信中的摇一摇是一个非常有趣的交友功能，我们可以通过这个功能添加一些新好友，利用对方的好奇心来推广自己的产品。

（2）LBS（基于地理位置的信息服务）吸粉。通过"附近的人"可以精准地添加好友，这样我们就可以将产品信息更加精准地推送给用户，从而起到引流的作用。

（3）内容吸粉。通过在微信上分享一些用户喜欢的内容，让用户时刻关注自己。

除了微信自身平台的吸粉，我们还可以将抖音上的粉丝引流到微信，从而挖掘粉丝的最大价值。

1. 在抖音号简介中展现微信号

抖音号的简介尽量简洁明了，一句话概括就好，通常是"账号描述+引导关注"两部分。所以，我们可以在前半句描述账号的特点，后半句则引导用户关注微信号。"关注"二字一定要醒目，不要直接出现"微信"二字，可以用其拼音的首字母代替。

2. 在昵称里设置微信号

在昵称里设置微信号是抖音早期的引流方法，不过，当下抖音对名称中的微信审核非常严格，因此使用这种方式时要谨慎，可以用字母代替。更改昵称也非常方便，进入"设置"→"编辑个人资料"即可完成。

3. 在抖音号中设置微信号

在抖音号中设置微信号这种方式简单粗暴，不过抖音号只能修改一次，一旦审核通过就改不了了。所以在修改前一定要考虑清楚你的微信号是不是打算长期使用。此外，微信号一般有好友限制，当达到一定数量时就无法再添加了，所以也可以把抖音号设置成微信公众号。

4. 在视频内容中展示微信号

在视频内容中展示微信号的方式比较多样，比如主播自己说出来，或者在视频背景上展示。一旦视频火了，微信号就会得到大量的曝光。需要注意的是，不要直接在视频上添加水印，一来影响观感，二来很难通过审核。

5. 在背景图片上展示微信号

抖音主页的最上面可以设置背景图片，背景图片上可以展示很多信息，作为一个推广广告的地方相当不错。在背景图片上展示微信号容易被人看到，能起到导流的作用。设置方法也很简单，只要点击背景图片，就可以直接从图库中选择制作好的图片，然后将其设置为背景。

6. 在个人头像上设置微信号

头像也是一个很吸引目光的地方，这里同样可以用来展示微信号，不过由于头像太小，用户需要点开才能够看清楚，导流效果不是特别理想。此外，抖音对设置有微信号的头像管控比较严，大号要谨慎使用。

我们之所以要把抖音平台的粉丝引流到微信，是因为更有利于实现变现。微信作为专业的社交软件，可以随时随地地进行沟通，而抖音却无法做到。以上这些方法都能够很好地让我们的微信号在抖音中得到曝光，只要粉丝加了微信号，就意味着变现的机会来了。所以，做好微信引流，是抖音运营的一项重要内容。

矩阵引流，多管齐下扩大影响力

　　无论是在社交媒体时代，还是在短视频时代，都是"得粉丝者得天下"。在运营抖音的过程中，想要更加精准地引流，打造传播矩阵至关重要。所谓传播矩阵可以理解为运用多种渠道进行关联，形成一个可持续运转的内容和传播体系。

　　那么，抖音矩阵又是什么呢？

　　简单来说，就是通过同时做不同的账号，来打造一个稳定的粉丝流量池。比如，做一个抖音号也是做，做十个抖音号也是做，那么不如多做几个，这样就可以形成一个矩阵，彼此间互相引流。比如，一个拥有50万粉丝的账号与一个拥有30万粉丝的账号建立矩阵，那么双方就都可以获得80万粉丝的流量池。

　　通常，我们能够在抖音上见到以下几种矩阵类型。

　　1. 以家庭为单位的矩阵

　　在抖音平台上，很多以家庭为主题的短视频非常火。如果想要运营以家庭为主题的短视频，就可以让每个家人都开通一个抖音号。在发布原创视频时，所有的家庭号可以从不同角度同时发布，并互相@，这样就形成了多点开花。

　　2. 以社团为单位的矩阵

　　在抖音平台中，有不少社团矩阵，目的就是为了互相引流。一般的社团矩阵都有一个大号，大号必须是优质号，不仅要拥有较稳固的粉丝基础，还必须能够调动粉丝的积极性。具备这样的条件，社团矩阵才能玩得转。

3. 以个体为单位的矩阵

一些抖音个人运营者，因为没有家庭成员作为矩阵，也不习惯做社团矩阵，怎么办呢？——只好自己来做了。方式就是自己运营多个账号，大小号互推。

其实，这三种形式本质都是"报团取暖"，哪一种更适合自己，需要根据自己账号的具体情况来定。想要快速增加粉丝，就要建立一个属于自己的矩阵。具体操作如下。

（1）在个人资料里设置。通过在签名处设置矩阵号的信息，告知用户自己的其他号在自己关注的账号列表里，这样粉丝就可以到"TA关注的"列表里进行查看。

（2）在发布视频时@矩阵号。就如上面在讲解家庭矩阵时说的那样，每次发布视频时可以@相关的矩阵号，以提升曝光率。

（3）大号、小号之间互相评论。矩阵号之间互相评论是一种较好的互推方式，这种"以号带号"的方式正是我们引流所需要的。

矩阵引流能给我们带来很多好处，比如可以全方位展现品牌的特点，帮助运营者扩大粉丝流量池，增加账号的曝光度。比如网红城市西安，有70多个市政府机构开通了抖音号，这些账号通过互推合作引流，共同宣传了西安这座城市。矩阵运营可以最大限度地降低单号运营的风险，就如同投资不把所有鸡蛋都放在一个篮子里一样。

另外，矩阵运营也需要注意以下事项。

（1）一个账号一个定位，每个账号要有相应的人群。如果主账号与子账号的风格相同，就很容易让子账号一直处于主账号的阴影之下，二者难以形成各自的特色。

（2）内容不要跨界，要做小而美。上面我们说主账号和子账号要有区别，这里的区别是指在同一领域的内容。如果主账号是美食类，子账号是运动类，那就属于跨界了。这样的矩阵是很难形成互相引流的。

总之，无论是个人还是企业，在应用矩阵引流的时候，都要考虑到自身的因素。由于个人的精力和时间有限，矩阵引流要量力而行；企业做矩阵引流更多的是为了提升品牌形象，扩大影响，虽然企业有足够的实力从多角度去展示，但也要注意避免失误的发生。无论是个人号还是企业号，运营的时候一定要规范账号内容，才能保证万无一失。

其他热门引流法

抖音聚集了大量的用户，是一个巨大的流量池。对于想在抖音进行商业变现的企业或商家来说，能否顺利地进行引流，是成败的关键。前面我们介绍了各种引流法，其实抖音的引流方法远远不止于此，本节将介绍一些其他简单又好用的抖音引流方法，让你进一步获取大量粉丝。

1. 硬广告引流法

这种方法简单粗暴，是指在短视频中直接进行产品或品牌展示。表现形式不管是煽情，还是鸡汤，目的都是通过直接的产品推广让粉丝产生购买行为。比如我们来看下面的案例。

夏日炎炎，如果能够随时来一杯冰沙，那绝对是一件爽歪歪的事情。有这样一款冰杯，只需要将水倒入杯中，然后不断地挤捏杯身，片刻即可得到一杯冰沙（如图10-8所示）。这种硬广告虽然是直接推荐产品，但由于产品的新奇，用户即便不买也涨了见识，相信想尝试的用户也不在少数。对于很多产品，这样的推广方法还是很有效的。

图10-8 "冰杯"广告

2. 抖音热搜引流法

在前面的内容中，我们讲了蹭热点可以很好

地提升账号的影响力，快速涨粉。其实，蹭热点对于引流也非常有效。作为短视频的运营者，蹭热点是一项必须掌握的重要技能。我们可以利用抖音热搜寻找当下的热词，然后在引流的过程中进行匹配，进而得到更多的转化。

利用抖音热搜引流通常可以采用以下几种方法。

（1）文案紧扣热词。抖音短视频的标题是吸引用户的一个重要之素，虽然我们不提倡做"标题党"，但一个热门的标题和文案能够为短视频带来更多的搜索量。所以，我们可以在文案中完整地写出这些关键词，从而提升搜索匹配度的优先级别。

（2）内容与热词搭上边。比如，当下有一部电视剧非常火爆，而且这部电视剧有一个很文艺的名字，那么，我们就可以充分利用这个名字，制作一个与名字相关，但内容与电视剧不一定有关系的小短片。这样一来，用户只要搜这个电视剧名，你的视频就会出现。

（3）BGM与热词高度关联。BGM是指抖音的背景音乐。例如，当我们的内容难以跟热词建立联系的时候，可以选择相关的音乐来关联。这样，即便标题或文案没有出现与热词有关的词，也能提高视频的曝光率。

3. 线下引流法

在互联网发达的今天，各种短视频、社交App层出不穷，抖音作为第一梯队占据着巨大流量。想要让自己的抖音号占据更多的流量，运营者不仅需要将抖音的流量引导至其他的线上平台，还应该通过抖音给自己的线下实体店铺引流，尤其是各种美食店。比如之前火过的"答案奶茶""土耳其冰激凌"等，这些都成功地将线上粉丝引流到了线下。

如果想要进行线下引流，最好开通企业号。前面我们已经讲过，企业号有POI功能，在POI地址页展示店铺的基本信息，就可以很方便地实现线上到线下的流量转化了。

抖音引流的方法除了以上介绍的，还有私信消息引流，即一些粉丝会通过私信的方式进行留言，把握住这些粉丝，也能获得很好的变现。

总之，想要获得好的引流效果，除了多尝试这些方法之外，最重要的还是保持内容的优质，内容覆盖的范围越广越好。

第11章
商业变现，赚钱才是玩抖音的终极目的

大多数抖音运营者都是为了盈利而创作短视频的，因此，变现是运营者必须掌握的一项技能，否则短视频就会失去持续更新的动力，最终走向失败。

做足准备，快速实现变现

抖音是一个巨大的流量池。虽然流量多不一定代表着变现就多，但没有流量肯定是无法获得变现的，可见流量的重要性。在有了流量之后，如何变现也是运营者面临的一大难题。如果你认为涨粉是一件困难的事情，那么，变现将会是一件更加困难的事情。因此，我们有必要了解抖音运营变现前的一些重要知识点。

1. 明确变现的思路

无论是个人号，还是企业号，想要将其打造成为百万级的账号，就要熟知抖音的数据玩法。抖音显示的用户信息数据与今日头条、西瓜视频等比起来还是有差距的，目前抖音用户只能看到"粉丝""获赞""关注"等数据，其他数据则无法知晓。

从这里可以看出，抖音运营的目的就是获得粉丝和流量。当积累了足够多的粉丝之后，账号就拥有了流量，这个时候就可以进行变现，即让粉丝为产品买单，实现粉丝经济的最大化。其实，这跟自媒体时代先做内容后变现的方式是一样的，只不过形式由图文变成了短视频。

变现的方式有很多种，我们需要事前考虑清楚。比如，是在抖音号中添加店铺的导购链接，还是将粉丝导入第三方平台——微信、官方网站或者各大网店等——让他们在这些平台上进行消费。

抖音不像今日头条那样有广告分成，是不能通过拍摄短视频直接获得收益的，想要获得收益就必须通过粉丝。无论是接自营广告还是帮品牌做宣传，或者将粉丝引流至其他能够变现的自媒体平台，这样做才能真正实现变现，这是我们运营抖音号最基本的变现思路。

2. 了解变现的前期因素

短视频上热门、粉丝暴涨是每一位抖音运营者最初都渴望的。但经历过这些之后，会发现变现比这些更加重要。粉丝再多，也只是显得热闹，如果不能变现，点赞量、粉丝量就只是一个数据，后续是很难有动力持续更新的。因此，我们有必要了解抖音粉丝变现的重要参考点。

（1）人群需求。简单来说就是用户需要什么，我们就卖什么产品或服务，只有抓住用户的需求才能实现变现。比如，粉丝关注你是因为脱发产品，而你却卖化妆品，那么，毫无疑问变现是非常困难的。所以，对于抖音的变现，我们可以从以下两个方面来考量。

① 拥有产品。企业或商家本身就有产品，这样抖音内容的定位就会非常精准，然后围绕产品做垂直领域的内容，就能不断地吸引粉丝。

② 没有产品。一些个人号，因为一个爆款内容迅速获得了大量粉丝，不过这样的账号通常变现比较棘手，对比可以尝试采用以下两种方法：一是找那些有产品的企业或者商家合作；二是分析粉丝，寻找他们的需求，然后决定最终卖什么。

（2）行业领域。在运营短视频之初，我们就可以提前考虑变现的问题。所以在初期选对一个行业领域进行深耕也是较好的办法。通常来说，我们可以选择自己最擅长的一个行业，比如美食、化妆品等，这些类别不仅容易入手，而且市场需求大。

（3）产品本身。你所运营的产品在市场上是处于饱和状态，还是存在巨大的利润空间？如果销量接近饱和，难以满足粉丝的需求，那么在变现的过程中就需要适当延伸，或者增加相应的服务，否则变现也是困难的。

3. 抖音变现的方式

变现受到很多因素的影响，作为运营者，不仅要思路清晰，而且要对各种影响因素了如指掌。很多抖音运营者在积累了粉丝之后，困惑也随之而来：怎样变现？哪些方法更合适？下面就来介绍抖音变现的两种方式。

（1）卖产品。最好的变现方式就是在抖音上卖产品了。无论你是个人还是商家，在有了粉丝之后你都可以选择销售自己的产品。比如美妆类、减肥类、服饰类等产品都是抖音比较热门的。只要找准人群，任何产品都值得一试。

（2）出售账号。在互联网发达的当下，线上销售越来越火爆。线上依靠的就是流量，谁的流量多就意味着谁更有可能实现变现。所以，一个百万级抖音号的价值也是不容小觑的。如果运营者经营这样的账号没有好的变现方式，也不想坚持，就可以出售自己的账号，让需要的人来运营，也是一件双赢的事情。

广告变现最常用的变现形式

抖音的迅速火爆，不仅造就了大量的网红，也让其成了广告营销的阵地。很多商家和企业选择在抖音上做广告，抖音网红接广告接到手软。为什么抖音广告会这么火？因为取得的效果相当显著。本节我们主要来了解一下抖音广告如何做，才能更好地实现变现。

1. 选对广告合作的变现方式

想要实现广告变现，首先我们要对广告变现的方式有所了解。对于拥有众多粉丝的账号和达人来说，广告是最直接的变现方式，只需要在视频中植入广告即可带来收益。通常来讲，短视频平台的广告形式可以分为以下几种。

（1）冠名广告。其主要通过挑战赛的形式进行。运营者在平台上策划一些有吸引力的挑战活动，并设置赞助环节，以吸引有意向的广告主。然后通过片头展示、主播口述、片尾鸣谢方式展示广告。

（2）植入广告。所谓植入，就是做软广告，这种方式既不会在短视频中直接介绍产品，也不会出现有关夸奖产品的信息，而是选择将产品融入视频情节，让观众注意到产品信息，比如在视频中的背景或摆件上打上产品的LOGO。

（3）贴片广告。一般出现在短视频的片头或者片尾，紧贴视频内容。主要通过展示品牌本身来吸引用户。

2. 了解广告合作的基本流程

当我们决定与广告主进行合作时，后续的一系列流程该怎么进行呢？这对于初次获得广告合作机会的运营者来说难免会有些棘手。下面我们就简要地讲解一下广告合作的基本流程。

（1）预算规划。广告主通常都会有预算，即准备花多少钱做一个广告。然后选择合适的短视频团队进行意向沟通。

（2）价格洽谈。广告主向短视频运营者表明自己的诉求、合作的形式，以及期待达到的效果。然后进行价格洽谈。

（3）团队创作。意向谈妥后，短视频运营者就要按照广告主的要求进行策划，然后与广告主确认内容、脚本和分镜头等细节创作。

（4）视频拍摄。在拍摄的过程中，运营者要严格按照广告主的诉求进行，以免出现偏差。拍摄完毕后还需要进行剪辑。

（5）渠道投放。这是最后一步，剪辑完成的视频得到广告主的认可后，即可在短视频中进行投放，并对效果进行量化和评估，以及进行后期的宣传维护等工作。

3. 可接单的星图平台

只要一个抖音号拥有了一定量的粉丝后，广告商就会主动找上门，抖音主播通过接广告就可以轻松实现盈利。为此，抖音为了吸引和培养更多的红人，正式上线了星图平台。

星图平台，以系统化、平台化管理红人及优质内容，同时通过互动创新激发更多的互动方式，实现与品牌多维共创共享。星图平台主要针对广告主和抖音红人，起到一个媒介的作用，并从中收取分成或附加费用。

作为短视频运营者，是否选择星图平台，应该根据自己的情况来定。星图平台有它有利的一面，即拥有广告资源、省事、不被平台屏蔽；但也有其不利的一面，比如主导权控制在平台官方手中，平台抽成导致收入减少。运营者无论如何选择，切记只要适合自己的就好。

4. 广告要与短视频内容高度契合

当下，消费者市场越来越细分，产品只有找到目标消费者才能实现交易。所以，在投放广告之前，一定要深入研究目标受众，然后结合自己的短视频内容，看是否拥有契合度。这关系到广告的效果。

通常来说，抖音号的目标受众与广告的目标消费人群重合度越高，那么植入的广告效果就越好。所以，在植入广告时，要注意品牌的内涵与视频的内容属性相符，这样才能达到短视频与广告的和谐统一，从而实现1+1>2的效果。反之，广告不仅起不到推广的作用，甚至还会带来负面影响。

所以，好的短视频广告，一定是与内容匹配，与场景匹配，且少而精。

5. 幽默植入，有笑点才有爆点

广告无论植入得多么巧妙，在没有需求的人面前，都是会被抵触的。那有没有办法改善这一状况呢？答案就是把广告变成笑话。当广告不再是广告，而是让人开怀一笑的段子后，推广就成功了。

采用幽默植入的方式，让广告成为视频中的笑点，这不仅可以使广告与用户产生联系，还会让用户产生谈论的欲望，分享和思考这个广告背后的品牌价值。

制作一条幽默的抖音广告，需要一定的技巧。比如：善于利用身体部位表达幽默，夸张的表情、搞怪的动作，这些都能触动用户的内心；在视频广告中活用双关语，一语双关的幽默效果也是很明显的；善用反差的方式展现幽默，异于常人的思维总是会令人捧腹大笑的；等等。总之，抖音广告需要源源不断的创意，只有足够有新意，才会被用户喜欢和记住。

品牌+IP，实现流量与价值的双重变现

每一个网红都是一个超级IP，当超级IP遇上品牌之后会擦出怎样的火花呢？一个是粉丝够多，一个是质量够好，这样的组合无疑是强强联合。品牌能够借助火爆的短视频内容引动粉丝，达到流量与价值的双重变现；超级IP通过与品牌的合作亦能获得巨大的收益。由此可见，"品牌+IP"绝对是实现变现的超级组合。

1. IP与粉丝的共性

超级IP意味着巨大的流量，在当下短视频时代，谁掌握了流量，谁就拥有了市场。其实这就是粉丝经济。拥有流量的品牌和超级IP因为有粉丝的助力，做强做大是一件很容易的事情。可以说，IP流量变现是网红经济的一大特征。

网红拥有众多的粉丝，他们的一举一动都会被粉丝效仿。比如在服饰、妆容上，如果网红推荐某些自己用得不错的产品，粉丝也会尝试。当然，粉丝并不一定对网红推荐的产品感兴趣，还可能是喜欢他们创作的内容。这也从侧面证实了粉丝与网红拥有同样的消费观和价值观，自然就会成为一个黏性极高的垂直消费群体。

2. 内容成就IP与品牌变现

想要实现IP与品牌的合作变现，内容是非常重要的，因为无论是IP还是品牌，都需要通过短视频来展现。因此，在制作短视频内容时，我们必须注

意下几点。

（1）保持合适的门槛。IP与品牌合作，用户的定位十分重要。我们应该尽量接地气一些，不要把门槛设置得过高，否则会把大量的用户挡在门外，这样一来变现的可能性就变小了。

（2）找对合适的话题。话题是连接品牌和用户的桥梁，一个好的话题能够让品牌得到更好的推广。话题的方式有很多，可以是品牌故事、产品卖点、趣味段子等，也可以是当下最热的事件。此外，品牌还可以参与符合自身定位的话题，这样能获得更多的曝光量。

（3）内容要能引起共鸣。能引起共鸣的内容最容易吸引用户，因此，品牌可以拍摄有趣、正能量的短视频内容，并在其中加入情感因素，让观众走心，为品牌或产品赋能。这样的视频更能获得抖音的流量。

3. 品牌与IP契合，实现最大化变现

超级IP的影响力巨大，他们凭借着自身的名气和粉丝数量，不仅可以提供商品的直接销售渠道，还可以帮助商品实现品牌溢价。这一点被很多企业看中，甚至企业自己直接培养大量的网红。

比如一些时尚品牌都在尝试通过IP与粉丝经济来引导消费，尤其是服装、化妆品类等。这些品牌的特点都是年轻、时尚，这与超级网红非常契合。品牌与超级IP结合的营销方式是非常有效的。

不过，品牌在短视频平台运用超级IP来营销和变现并不是一件容易的事，还需要掌握一定的技巧。

（1）品牌都有自己的内涵和特点，因此也必须寻找契合的IP，或在创作内容上与品牌产品保持关联性，这样品牌才能够得到较好的推广与变现。

（2）品牌通过短视频展现之后还需要进行互动，借助IP强大的粉丝群体，通过互动带动粉丝扩大传播范围，从而使品牌产品实现变现。

总之，品牌与IP合作需要互相契合，保持一致的价值观，这样才能达到最好的变现效果。

4. 建立信任，打造超级 IP

为什么超级IP影响力如此巨大，一个重要原因就是用户的信任。品牌打造IP，主要目的是赢得用户的信任。那么，如何让用户信任你？——短视频就是最好的载体。通过它，你可以展现一个专业、权威的品牌形象。

在打造IP的时候，我们要多宣传一些充满正能量和具有亲和力的作品，通过短视频的方式传递给用户，久而久之，你的形象就刻在了用户心里，用户自然就信任你了。

只要你与用户之间建立了信任，那么销售产品就变得十分简单了。比如薇娅、李佳琦等这些淘宝直播大V，正是因为与粉丝建立了信任，粉丝才愿意为他们推荐的产品买单。

企业或商家想要获得真正的成功，一个重要的考量就是变现，即卖出去多少产品。产品再好，卖不出去就没有任何价值。超级IP的出现为品牌提供了更多的可能性，不仅有效刺激了市场，而且具备较强的商业变现能力。因此，做好"品牌+IP"是抖音运营者工作中的重中之重。

玩转社群电商，转化粉丝变现

随着互联网的发展，电商已经成为非常重要的一种商业模式。越来越多的商家和消费者进驻电商平台。社群电商作为一种模式，它与传统电商及移动互联网电商不太一样。社群电商依靠的是社群人员的共同价值观或共同目标，这是最核心的部分。

共同的价值观或目标，形成的是一种归属感。有归属感，社群的每一个成员才能形成黏性，这样一来，当社群群主推荐某件产品或某个品牌时，社群里的成员大都会信任，产品销售也就不是问题了。可见，借助社群的力量来实现产品的变现也是很好的方式。

想要通过社群电商实现变现，具体可以从以下三个步骤来实现。

第一步：利用优质内容吸粉

社群最重要的就是粉丝，这跟抖音大V一样，粉丝量决定了变现的概率。所以第一步要做的就是吸粉。优质内容是吸粉的利器，我们可以通过干货分享、广告植入等形式输出优质内容，收获粉丝。

（1）干货分享。主要是分享与产品功能有关的小技巧或专业知识，只要这些内容对粉丝有益就会受到关注。比如脱发产品，可以讲解脱发的类型、脱发的原因，以及如何注意日常饮食等，这些干货会让粉丝觉得你很专业，从而增加对你的信任感。

（2）广告植入。这里是指软广告植入，比如在视频中出现产品的镜头，这样的镜头可以是生活中的某个片段，也可以是背景物品等，这种展示可以使商品的功能和特点潜移默化地被用户感知，从而提高产品的曝光度，并吸引粉丝关注。

通过这些方式，粉丝开始关注我们的视频，但是抖音平台的这些粉丝很难变现，需要我们把他们引流到社群中，这就是下一步要做的事情。

第二步：把粉丝引流到社群

我们通过制作优质的内容，让粉丝了解了我们，并信任我们。这个时候就可以想办法把粉丝引流到社群。引流也是有方法的：一是提高和粉丝的互动频率；二是选择互动频率高的粉丝，将其拉入社群。

（1）和粉丝有互动才能留住他们。当我们吸引了足够多的粉丝之后，就要积极地和他们互动起来。和粉丝互动时有三个注意事项，即及时跟进、注意语气、重点回复，这三个方面在前面我们都有详述。

（2）一旦进入与粉丝的互动状态，我们就可以着手筛选目标粉丝，然后将其拉入社群。社群有很多种，包括QQ群、微信群等。对于这些社群，我们可以采用限时福利、拼团模式、好礼赠送等方式将他们吸引进来。

第三步：维护社群，实现转化

当一群有同样价值观和需求的成员聚在一起后，社群就形成了。我们在构建好社群后，要做好日常的维护工作。具体可以从以下三个方面来进行。

（1）保持群里的秩序，禁止群成员发布与主题无关的广告，自己也不要天天发广告，否则群成员会因为受广告的干扰而退群。

（2）找好管理员，把自己的权力分配下去，让管理员通过不同的话题刺激粉丝，保持群的活跃性。

（3）尽可能发布有营养、有干货的信息，让粉丝感受到社群的价值。

做好社群管理，就能获得粉丝的绝对信任，再进行商品销售，购买转化率就会提高很多。需要说明的是，想要通过社群实现变现，就必须熟悉社群营销的方方面面，否则引流再多的粉丝也是徒劳，多花一点儿时间掌握社群管理的技巧是一项必要的工作。

做直播，依靠打赏或商品售卖变现

如今，直播已经扩散到了各行各业，它不再只是娱乐行为，而是成了商业行为，企业或商家纷纷通过直播销售产品。抖音上线火爆了一段时间后，便增加了直播功能。

作为抖音运营者，如果想要更好地实现变现，直播是必须尝试的一个方法。

1. 抖音直播的开通方法

作为抖音运营者，开通抖音直播也是实现变现的一种不错的方式。但是，想要获得抖音的直播权限是需要条件的。以下三个条件，只要满足任意一个即可。

（1）在抖音直播内测过程中，平台会发送一些信息给积极参加内测活动的体验者，邀请他们开通直播功能。

（2）粉丝数量达到5万以上，而且任意一个作品点赞为100+。

（3）短视频内容优质，有技术。只要抖音号多发布一些这样的视频，即可获得直播权限。

当满足了条件之后，接下来就可以直接开通直播了，具体的流程如下。

（1）登录邮箱，进入邮件编辑页面，主题填写为"直播申请+账号昵称"，正式内容为"昵称+ID+个人页面截图+作品链接+身份证照片"，然后发送到抖音官方邮箱。

（2）获取直播权限后，再次编辑邮件，标题为"直播合约申请+昵称"，内容为"昵称+ID+抖音号"，发送至抖音官方邮箱账号，然后等待一周时间即可完成审核。

2. 抖音直播变现的方式

开通直播功能只是第一步，接下来的才是重点，即如何通过直播实现变现。一般来讲，我们可以通过下面三种方式在直播中进行变现。

（1）粉丝送礼、打赏。

展示生活是直播的一大主题，比如通过唱歌、跳舞之类的才艺展示来取悦用户，从而获得用户的打赏。这种形式还能够获得平台的奖金，在没有签约抖音或者网红经纪公司时，主播获得的打赏大概占粉丝打赏的30%，签约后则最多能获得打赏的70%。

此外，需要注意一点的是，在直播过程中，需要和粉丝进行良好的互动，这样粉丝才会更加喜欢你，从而更愿意打赏；一定要拒绝那些毫无营养、非常无聊的内容，那样会招致粉丝的反感。所以，在直播前要调查粉丝喜欢什么，然后有针对性地进行直播，戳中粉丝的痛点，才能得到粉丝的打赏。

（2）边直播边卖货。

除了通过展示才艺、分享知识来获得打赏外，我们还可以在直播时直接卖产品。比如当下比较火的带货达人李佳琦、薇娅、罗永浩等，就是通过直播来推荐产品，并在直播间加入产品链接，当粉丝对主播推荐的产品感兴趣时就可以直接进行购买。

直播带货已经成为当下非常火爆的销售手段，产品通过视频的形式进行展示，配以主播精彩的讲解，粉丝很可能一时冲动就产生了购买行为。除此之外，我们还可以在直播中给自己做其他方面的导流，例如导流到一些知名品牌电商网站中，这样也可以获得间接提成。

（3）分享干货，售卖周边产品。

直播也可以分享干货知识，有需要的人愿意为知识付费。比如直播游戏讲解、美食教程、软件教程等，这个时候就可以通过一边直播一边卖周边产品来实现变现。比如，直播美食时可以推广各种餐具、食材等，直播软件时可以推广各种软件的视频教程等。

这类直播变现方式相对于第二种方式来说，就属于软植入。不过，这种推荐需要粉丝对主播有很强的信任感或主播的个人魅力超群，只有保持粉丝的黏性才能实现变现。

3. 抖音直播的技巧

虽然直播门槛低，谁都能够做，但并不是人人都能做好，因为直播是需要技巧的。如果想要在直播中获得更好的变现，就必须掌握以下技巧。

（1）定位精准。定位精准可以形成个性化的人设，打造出细分的领域形象，比如"直播+才艺""直播+卖货""直播+教育"等。只有在正确的池塘里才能钓到鱼。

（2）先铺垫，再卖货。首先要对产品的特点、产地、包装、价格，甚至与其他产品的比较进行详细解说，然后再引导粉丝购买。

（3）强调限时限量。直播的产品都会以优惠的价格进行限时销售，因此在直播的过程中，我们可以营造商品的稀缺价值感和观众的紧张感，从而激发粉丝的购买行为。

（4）选择好配乐。在展示商品时，选择节奏比较明快的音乐，不仅可以烘托整个直播间的气氛，还有利于提高交易量。

（5）话题与技巧。制造热议话题才能积攒人气，保持话题积极、健康是最基本的要求。此外，在直播时还可以借助面部表情、动作姿态表达内容；多夸奖别人，幽默一些，就更能吸引粉丝了。

（6）做好互动环节。互动的方式有很多，可以是评论互动、礼物互动、点赞互动等。好的互动可以活跃直播氛围。

除此之外，在直播的过程中，我们还要注意一些事项。比如，不能虚假宣传，不能无限制地吹嘘，否则容易遭到投诉；宣传用词也需要注意，不能涉及《中华人民共和国广告法》中的一些极限词。

总之，当下直播卖货已是大趋势，随着VR等技术的不断发展，直播销售模式会越来越重要，直播将成为网络营销时代的主流之一。作为抖音运营者，及时开辟直播变现这条道路是具有前瞻性的策略。

知识付费，将才华转变为财富

近几年来，知识付费越来越火热，你想学习的所有内容几乎都能够从网上寻找到课程，前提是需要付费。即便如此，也有越来越多的人愿意付费学习。抖音短视频为我们提供了很好的载体。运营者可以通过短视频进行商业变现，用户则可以通过抖音平台学习知识。

为什么知识付费越来越受欢迎呢？我们应该如何抓住机会通过抖音运营付费视频呢？

1. 知识付费产品的优点

我们都渴望获得知识，但是学习的渠道是有限的，如果知识是在一个拥有巨大流量的平台上，那我们学习起来就方便多了。抖音作为这样一个平台，吸引了一大批制作知识付费的运营者。他们通过把知识变成产品或服务，然后通过消费者购买，最终获得商业价值。为什么大众对知识付费的接受度越来越高，这主要是因为它具有以下几个优点。

（1）价格不高，用户都能接受。任何商品，其价格是决定大多数人是否购买的关键因素。相对于传统的教育培训产品，网络知识付费产品的价格更低廉。传统的教育培训需要租用场地、聘任教师等，费用花销大；而知识付费只需要前期录制好即可长期获利。

（2）学习便捷，能够有效利用碎片化时间。知识付费的课程一般都是视频，不受时间、地点的限制，只要有手机，随时都可以学习。

（3）内容精练，干货十足。知识付费的单个视频内容一般时长较短，因为如果时间太长，学习起来就会难以坚持，所以制作都非常精练。这样，用户不仅能够快速学会，还能产生成就感。

正是鉴于知识付费的这些优点，越来越多的人开始在抖音分享干货知识，然后通过橱窗售卖自己的课程。这也是一个变现的好方式。

2. 知识付费产品的属性

我们知道，知识付费依靠传授知识进行转化变现，这样就要求我们必须对知识有足够的研究，即专业性。只有知识内容专业且容易学习，才会被用户接受。除此之外，想做出爆款，我们的知识付费产品还需要具备以下几个属性。

（1）要有针对性。知识付费的领域比较多，当前比较热门的类目有个人成长、商业财经、外语学习、亲子教育、生活养生等。我们要找到自己擅长的领域，然后深耕下去，做精做专，从而有针对性地吸引用户实现变现。

（2）戳中痛点。如果知识付费产品能解决用户生活中的某类具体问题，或者快速提升用户的个人能力，即戳中用户的痛点，就很容易成为爆款。

（3）简单易学。学习是一件苦事，不仅要克服惰性，而且需要动脑。如果知识付费的内容过于难懂，用户就会很容易打退堂鼓，没有信心再学习下去。所以，知识付费产品必须做到简单易学、易上手、及时反馈、耗时短、单次信息量少。

（4）打造个人IP。IP的魅力是巨大的，我们的知识付费内容想要获得更多的流量，就必须打造属于自己的超级IP，具体可以通过自媒体平台或第三方机构进行知识付费内容以及个人IP的包装、设计和打磨。

3. 知识付费视频的制作

在了解了知识付费的优势和属性之后，我们就可以着手进行知识付费短视频的制作了。具体流程如下。

（1）明确受众群体。即首先做好定位：知识付费到底想赚谁的钱？想明白了这个问题，我们才能确定具体的内容。比如，学英语就有很多细分：是学生，还是上班族？明确受众群体，知识付费内容才有针对性。

（2）收集素材并编写课程。互联网的发达极大地便利了我们收集素材。整理好素材之后，加以学习和消化，取其精华，加入我们自己的观点，就可以形成自己的课程。

（3）输出内容，进行推广。当课程制作好之后，就可以发布出去，并进行相应的推广。不过，需要注意的是，要尽可能让视频内容和知识领域相关，并保证优质内容的输出。

（4）实现变现。运用前面提到过的变现方式，比如引流到自己的微信社群，让用户购买，或者开通橱窗功能，在视频中直接售卖教程，等等，最终实现变现。

知识付费借着短视频的红利，尤其是在抖音这个巨大的流量平台有了更大的发展空间。但是知识付费从一开始的定位到成功实现变现是一个漫长的过程，谁能够精心规划好每一步，谁就离成功更近一步。